컨센서스 워크숍
퍼실리테이션

브라이언 스탠필드 지음

이영석 옮김
박시원 감수

목 차

한국의 독자에게

합의형성워크숍기법(CWM: Consensus Workshop Method)은 전문 퍼실리테이터가 사용할 수 있는 가장 강력하고 통합된 집단 프로세스입니다. 참가자로서 처음 CWM을 경험했을 때, 그것은 대학원에서 배운 집단역학에 관한 어떠한 개념들도 날려버릴 정도였습니다. CWM은 일련의 절차들만 따른다면 인간역학에 관한 수많은 근본적인 이해들을 실행에 옮기도록 해 주었습니다. 그 때만 해도 CWM은 ICA The Institute of Cultural Affairs의 교육을 통해서만 배울 수 있었습니다. 20년 후, 친구이자 동료인 브라이언 스탠필드Brian Stanfield는 CWM에 관한 세부사항들을 정확히 담아서 마침내 「컨센서스 워크숍 퍼실리테이션(The Workshop Book)」이라는 책으로 세상과 공유하게 되었습니다.

언뜻 보기에 CWM은 쉽습니다. 맥락을 설정하고, 아이디어를 브레인스토밍 하고, 그것을 카드 위에 적고, 아이디어들을 분명히 보여주기 위해 카드들을 이리저리 옮기고, 아이디어 유형들에 이름을 짓고, 그 결과물에 대해 성찰합니다. 제가 처음으로 CWM을 사용했던 것은 젊은 지역사회 일꾼으로서 어떤 정치적인 갈등을 해결해 달라는 요청을 받고서인데, 그 때 CWM이 너무나 잘 작동한다는 걸 알게 되었고 그 때부터 더 많이, 더 열심히 배우게 되었습니다. 감사하게도 저는 이 분야의 리더들로부터 훈련과 코칭을 받을 수 있었습니다. 독자 여러분들께도 행운이라고 할 수 있는 것은 바로 그 리더들이 이 책의 저자와 매주 대화를 하며 이 책에 가능한 많은 기여를 했다는 것입니다.

퍼실리테이터가 아닌 사람들이 벽에 붙은 카드들을 보고 'CWM은 이런 식으로 하는 거야!'라고 생각할 수 있습니다. 하지만 그것이 전부는 아닙니다. CWM을 진행할 때에는 다양한 도구들을 사용할 수 있기 때문입니다. 즉, 벽에 붙이는 색인카드, 마인드 맵 소프트웨어와 프로젝터, 플립차트, 화이트보드 또는 한국의 ORP연구소에서 개발한 온

라인 e-CWM 등과 같은 다양한 도구들이 있습니다. CWM을 어떻게 사용하느냐에 관한 선택은 그룹의 미팅 목적에 달려 있습니다. 저는 종종 전략수립과 같이 완벽한 결과물을 만들어내는 데 CWM을 사용합니다. 때로는 깊이 있는 대화, 창의성, 돌파구를 찾는 생각의 여지를 만들기 위한 하나의 방편으로서 CWM을 사용합니다. 또한 저는 오픈 스페이스, 월드 카페, 대화 서클, 에이아이Appreciative Inquiry 단계들, 참여적 전략기획 Participatory Strategic Planning, 그리고 최근에 패키지화된 다른 많은 도구들과 방법들을 결합하여 CWM을 사용해 왔습니다.

누구든지 교육과 실습, 그리고 전문적 지원을 받는다면 참가자들에게 정말 중요한, 어떤 광범위한 질문에 관해서도 합의를 형성할 수 있습니다. CWM은 아래와 같이 여러 "불가능한" 성공을 가능하게 하는 데 있어 중요한 역할을 해왔습니다.

- 갈등을 빚고 있는 다양하고 영향력 있는 이해관계자들과 전문가들이 "자연법칙에 따른 멸종위기 동물보호법"의 초안을 단 5회 미팅만으로 작성하도록 함. 백서를 출간하는 데 5개월밖에 안 걸렸으며, 그 법안도 논란 없이 채택되었음.
- 직업적으로 서로 반대하던 조직들이 60명의 대표자가 참가한 가운데 단 이틀 만에 공공정책을 만들어냈음. 그 정책은 몇 년 뒤에도 계속 사용되는 공식적 관행이 되었으며 반대자들도 지금은 함께 일하고 있음.
- 6개월에 걸쳐 가능한 많은 구성원들과 이해관계자들이 워크숍에 참가하도록 요청해 혁신적인 기업비전을 수립했음. 관리자와 임원들은 CWM 워크숍의 결과물들을 사용해 전체 조직의 지혜를 보여주는 개요를 작성했음.

이 책을 읽어 보십시오. 교육과 코칭을 받으십시오. 다양한 또는 균열된 집단들을 한

데 불러 모을 필요가 있을 때마다, 또한 그들이 사용할 수 있도록 결과물을 만들어 낼 필요가 있을 때마다 CWM을 사용하십시오. 저는 그것이 한 번에 조금씩이라도 평화를 만들어 가는 길이라고 생각합니다. 저는 더욱 많은 사람들이 그렇게 하기를 바라며, 저와 같이 여러분들도 여러분이 성공하도록 도와줄 수 있는 전 세계 많은 동료들을 만나기를 희망합니다.

존 밀러John Miller는 CTFCertified Trainer and Facilitator, CPFCertified Professional Facilitator, ICA Associates Inc.의 공동 소유자, 시니어 컨설턴트이며 참여공학(ToP®: Technology of Participation) 트레이너다.

Letter from John Miller

The Consensus Workshop Method is the most robust and integrated group process that a professional facilitator can use. The first time I experienced it as a participant it exploded any notions I had been studying about group dynamics in graduate school. Here was a set of procedures that, if followed, turned numerous fundamental understandings of human dynamics and put them into practice. At that time the CWM could only be learned through training from the Institute of Cultural Affairs. Twenty years later, my friend and colleague Brian Stanfield captured the details to share with the world in this, The Workshop Book.

On its surface, the CWM is easy: set a context, brainstorm ideas, write them on cards, move the cards around to illustrate thought patterns, name the patterns, and reflect on the product. Anyone can try it and make a profound difference. My first real use was as a young community worker asked to resolve a political conflict. That's when I learned that CWM works almost too well and I became eager to learn more. Thankfully I could get coaching and training from the leaders in the field. Luckily for readers, those same leaders contributed as much as possible to this book through weekly dialogues with the author.

Non-facilitators may see cards on the wall and think, "That is the method!" and they are wrong. You can use various tools to lead a CWM: index cards on the wall, mind mapping software and a projector, flipcharts, whiteboards, or even a made-in-Korea online tool called e-CWM. The choices about how you use the CWM depends on why the group is meeting. Sometimes I use the CWM to create a rock-solid product like a strategic plan. Other times I use it as a way to make space for deep dialogue, creativity, and breakthrough thinking. I have used it in combination with Open Space, World Cafe, Dialogue Circles, Appreciative Inquiry stages, Participatory Strategic Planning, and other more recently packaged tools and methods.

With practice, training, and collegial support (now in Korean through orp co kr) anyone can build consensus on any large question that really matters to participants. The CWM has been instrumental to some of my "impossible" successes:

- Drafted a "gold standard" Endangered Species Act in only 5 meetings among all the powerful stakeholders and experts who would normally fight with one another. The white paper took only 5 months to publish and the law itself was adopted without controversy.

- Created a public policy in only 2 days by including 60 representatives from all the organizations who were professionally opposed to one another. The policy became official practice that is still in use years later, and those antagonists are still working together.

- Built a transformational corporate vision over the course of 6 months by asking as many staff and stakeholders as possible to participate in workshops, then the managers and executive used the products of all the CWMs to create a summary that demonstrates the wisdom of the whole organization.

Read this book. Get training and coaching. Use the Consensus Workshop Method whenever you need to bring diverse or even fractured groups together and create a product they can use. I think of it as making peace, a little at a time. I hope more people do. And I hope you meet some of the hundreds of colleagues around the world like myself who can help you succeed.

John is a Co-Owner, Senior Consultant, and ToP(C) Trainer with ICA Associates Inc.

한국의 독자에게

초점대화기법(FCM: Focused Conversation Method)과 합의형성기법(CWM: Consensus Workshop Method)으로 잘 알려진 ToP®(Technology of Participation: 참여공학) 퍼실리테이션 방법은 40여 년간 전 세계적으로 많은 사람들이 참가하여 문제를 해결하고, 커뮤니티를 구축하며, 갈등을 해결하기 위해 빠르고 효과적으로 함께 일하는데 영향을 끼쳐 왔습니다.

ToP 퍼실리테이션은 무기력과 냉소주의가 팽배한 상황 속에서도 많은 사람들에게 희망을 주고 동기를 부여하고 활력을 제공해 왔으며, 주로 비전설정, 팀 빌딩, 모델수립, 실행계획, 갈등해결에 기여해 왔습니다. 이 방법의 창시자인 ICA는 ToP 퍼실리테이션을 사용해서 지역사회 개발 운동이 착수되도록 지원하였으며, 전 세계적으로 수십만 명의 삶을 향상시켜 왔습니다. 빠르게 현상을 변화시키고 사람들을 변화에 동참시키고자 원하는 이들에게 이 책은 필수적입니다.

ORP연구소의 이영석 대표는 이 책을 번역서로 출간함으로써 HR전문가, 교수, 교사, 사업가에게 강력한 도구를 제공하는 신기원을 열었습니다. 이로써 한국에서 기업, 정부, 학계에 걸쳐 갈등을 해결하고 조직문화를 변화시키는데 있어 커다란 전기를 만들게 될 것입니다. 저는 이영석 대표가 기업, 대학, 정부에서 ToP 퍼실리테이션을 사용하여 놀라운 결과가 만들어진 것을 목격한 바 있습니다. 이 대표가 인터넷 상에 구현한 e-CWM은 거의 혁명적이라고까지 할 수 있을 겁니다.

한국은 글로벌 수준에서 개발과 지속가능성 및 권력 공조에 관한 대화에 수많은 나라들을 참여시키는데 있어 중요한 역할을 하고 있습니다. 한국의 퍼실리테이터들은 존중,

공유, 팀 빌딩의 오랜 전통을 통해 그러한 대화를 촉진하는데 있어 독보적인 위치에 있습니다. ToP 퍼실리테이션은 그들에게 미래의 도전을 훌륭히 준비할 수 있도록 할 것입니다.

빌 스테이플즈

국제퍼실리테이터협회(IAF: The International Association of Facilitators)의 "그룹 퍼실리테이션의 연구와 적용 저널"의 출판편집장을 맡고 있다.

Letter from Bill Staples,

For forty years now ToP® methods, especially the Consensus Workshop Method and the Focused Conversation Method have had global impact by allowing large groups of people to solve problems, build community, resolve conflict and work together rapidly and effectively. ToP has brought hope, motivation and renewed energy to thousands of people in situations where lethargy and cynicism reigned, and it has been a major workhorse in visioning, team building, model building, action planning and conflict resolution. The Institute of Cultural Affairs (ICA), the originator of the method, has used ToP to help launch community development movements and improve the lives of hundreds of thousands of people around the world. This book is vital for anyone who wants to rapidly change the status quo and get people into action.

With this ground-breaking translation of the original English work, Young Seok Lee of ORP institute has opened up this powerful tool to HR professionals, professors, teachers and business people. This will make a big difference in changing organizational culture and in resolving conflict throughout business, government and academia in Korea. I have witnessed Young Seok's use of ToP in business, in university and in government and the results were profound. His development of e-CWM will be no less revolutionary.

Korea has an important role to play in bringing dozens of countries into the international dialogue on development, on sustainability, and on power sharing at a global level. Korean facilitators are in a unique position to be brokers of that dialogue through their long tradition of respect, sharing and team building. ToP will equip them admirably for the challenges ahead.

Bill Staples, publishing editor *of Group Facilitation: A Research and Applications Journal,* of the International Association of Facilitators.

추천사

  퍼실리테이션은 지역사회개발의 과정 속에서 탄생하였다. 전 세계의 도시와 마을에서 사람들은 언제나 그들의 땅, 사업, 가정, 아이들의 미래에 영향을 미치는 의사결정을 해야 한다. 그런데 사람들은 미래에 대해 서로 다른 가치관이나 관점들을 가지고 있기 때문에 다툼과 갈등이 일어나기 쉽다. 따라서 공동체의 성장과 행복을 위해서는 서로 간의 차이를 극복하고 서로 다른 생각들을 이해하고 수용하여 협력하는 방법들이 필요했다. 이러한 지역사회개발을 위해 ICA가 개발한 것이 사람들의 가치, 의견, 감정을 다루는 방법론이었다. 또한 사람들이 미래에 영향을 미치는 결정을 효과적으로 내릴 수 있도록 하는 과정에서 활용된 기법, 도구, 접근법을 집대성한 것이 퍼실리테이션 방법론의 시작이었다. 이러한 방법론으로 LENSLiving Effectively in the New Society가 시작되었고, 이것이 지금의 ToP퍼실리테이션이 되었다.

  한국에서도 ICA 활동의 기념비적인 기록들을 이루어냈는데 그것이 1970년대 지역사회개발 사업이었다. ICA Korea는 1972년 이후 지역사회의 민간개발사업으로 제주도 북제주군 관영1리 개발사업(1975년)과 강원도 춘성군 신동면 걸2리 시범사업(1977년)을 하였고, 강원도 전체와 제주도, 충북 청원군 남성면에서 시범사업을 하였으며, 지역개발공동회의Town meeting를 개최하는 등 활발하게 활동하여 왔다. 또한 이 시기에 한국의 주요기업들의 경영층 중심의 세미나를 LENS 방식으로 개최하기도 하였다. 1970~80년대에 이러한 과정을 거치면서 다양한 집단의 사람들이 서로의 아이디어를 내고 변화와 발전을 이루어 내는 데 퍼실리테이션이 크게 기여했다.

  퍼실리테이션은 1990년대 들어 기업에서 본격적으로 활용되기 시작하면서 교육, 코칭, 갈등조정 등의 분야에서 더 많은 접근법들이 개발되었고 그 효과를 발휘하기 시작하였다. 또한 ToP의 참여적 방법론을 통해서 퍼실리테이션은 정부, 기업, NGO 등에서 전 세계적으로 그 활용성이 점점 높아지고 있다. 우리나라에서도 조직이나 사회의 변화 속에서 점차 참여라는 말이 중요시되고 있으며, 변화의 과정에서 당연히 참여가 이루어져야 할 것으로 인식되고 있다.

이러한 시기에 ORP연구소의 이영석 대표가 ToP 퍼실리테이션의 전파를 위해 본서를 번역 및 발간하게 되었으므로, ToP 퍼실리테이션이 향후 한국의 변화와 발전에도 많은 기여를 할 것으로 확신한다. 이 책이 한국의 기업과 공공조직, 학교, NGO의 변화와 발전을 이루고자 노력하는 전문가들에게 많은 도움이 되기를 희망한다.

박시원

전 보문제일감리교회 담임목사로 재직하였으며 ICA 태동의 일원으로 참여하였다. 강원도 춘성군 신동면 거두 2리에서 화전민들과 함께 새마을회관에서 생활하면서 지역사회 개발 사업에 참여하였고, 특히 이슬람 지역 선교에도 열정을 쏟아 지난 15년 동안 인도네시아에 3백여 개의 교회를 세웠다. 현재 UN 산하단체인 사단법인 ICA 지역사회 복지원 이사장직을 맡고 있다.

역자 서문

내가 퍼실리테이션을 시작한 것은 1993년 LG전선(현 LS전선)에서의 TVC(업무가치 창조, Task Value Creation)라는 팀빌딩 형태의 프로그램을 개발하면서부터였으니, 올해로 벌써 20년이 되었다. 그 당시 나는 조직활성화팀의 동료들과 함께한 조직진단을 통해 조직활성화에 있어서 가장 중요한 요인은 조직구성원 개개인이 인식하는 담당업무에 대한 가치라는 것을 밝혀냈다. 그 후 나는 업무가치 증진을 위해 팀장과 팀원 전원이 모여 업무가치를 저해하는 현상과 원인, 그 해결방안을 찾아 실행에 옮김으로써 개인과 팀의 변화, 더 나아가 조직의 변화로 연결될 수 있는 팀 자율변화 활동 프로그램을 개발하여 실행하였다.

이러한 팀활동 프로그램을 움직이는 가장 큰 요소가 퍼실리테이션이다. 퍼실리테이션은 그룹이 공동의 목표를 이룰 수 있도록 아이디어를 내고 그것들을 통합하고 조정하여 최적의 대안이 나올 수 있도록 집단의 대화 프로세스를 지원하고 촉진하는 행위이다. 나는 조직활성화를 위해 퍼실리테이션에 대한 연구를 하던 중에 서울대학교 의과대학 신좌섭 교수의 소개로 ToP(Technology of Participation : 참여공학)퍼실리테이션을 접하게 되었고 CWM 또한 알게 되었다. CWM을 알게 된 순간, 이 기법이야말로 퍼실리테이션의 철학과 프로세스를 잘 구현해놓은 것을 깨닫게 되었다. 그 후 나는 캐나다에서 열린 ICA Associates의 워크숍에 수차례 참석하여 여러 가지 ToP 퍼실리테이션 프로그램과 기법들을 익힐 수 있었다. 또한 ICA 소속의 퍼실리테이션 전문가인 캐나다의 존 밀러와 빌 스테이플즈, 대만의 로렌스 필브룩, 싱가폴에 있었던 데이비드 부왈다 등을 초청하여 한국에 ToP를 알리기 위한 몇 번의 ToP 퍼실리테이션 워크숍을 개최하였다. 온라인 퍼실리테이션의 형태로 e-CWM(ecwm.co.kr) 시스템을 한국어와 영어로 개발하여 전 세계 퍼실리테이터들이 활용할 수 있도록 하기도 하였다. 그러다 한국의 보다 많은 사람들에게 CWM을 알리기 위해 이 책을 번역하게 되었다.

CWM은 집단 토의 시 생산적인 논의가 가능하도록 하며, 다양한 아이디어 도출을 통한 혁신의 기회 창출, 합의형성과 구체적인 계획 수립을 돕는다. 이를 통해 효과적 실행의 가능성을 높이고, 구성원들이 실행에 대한 자신감을 갖도록 할 수 있다. 조직의 창의성과 성과가 향상되는 것은 물론이다. 이 책은 퍼실리테이터들에게 새로운 가능성과 통찰을 제공할 것이라 확신한다.

나의 동료인 빌 스테이플즈는 퍼실리테이션 철학의 핵심은 미래에 대한 그림을 함께 그리고 실행하는 것이라고 한다. 미래에 대한 그림은 우리를 살아가게 하고 앞으로 나아가도록 손짓하며, 아무도 가보지 못했던 새로운 곳에 대한 희망을 갖게 한다. 퍼실리테이션은 미래의 그림을 그려가는 것에서 그치지 않고 미래에 필요한 책임 있는 행동을 실행되도록 할 것이다.

부디 The Worksop Book의 번역서인 "컨센서스 워크숍 퍼실리테이션" 책을 통해 개인의 변화, 팀의 변화, 조직의 변화 더 나아가 세상의 변화를 이루어 내는데 작은 도움이 되기를 바란다.

이영석

감사의 말

모든 성취는 항상 다른 이의 성취를 발판으로 한다. 2장에 언급되어 있듯이, 이 책은 많은 자료를 기초로 한다. 나는 40년 이상 워크숍 기법을 발전시키고 그에 대한 저술을 계속해온 지적 중심기관인 ICA와 전 세계 회원들에게 감사의 뜻을 전하고 싶다. 특히 뛰어난 선구자 로라 스펜서Laura Spencer의 1989년 작 「참여를 통한 성공Winning Through Participation」에 경의를 표하고 싶다. 그녀의 혜안은 이 책의 전반에 걸쳐 자주 인용된다. 나는 또한 동아프리카에서 워크숍 기법을 적용한 기록인 「적극적인 참여 기법Methods for Active Participation」을 지은 테리 버그달Terry Bergdall에게도 힘입은 바가 크다. 존 젠킨스(Jon Jenkins)의 「국제 퍼실리테이터 지침서The International Facilitator's Companion」 또한 큰 도움이 되었다. 워크숍 기법을 각계 각층의 수천 명의 사람들에게 교육시키기 위해 매우 상세한 매뉴얼을 개발해 온 모든 이들이 사회와 이 저서의 발전에 크게 이바지하였다.

다음으로 이 책은 토론토의 ICA 협회 구성원으로부터 받은 정기적인 조언과 지도가 없었으면 불가능했을 것이다. 그들은 월요일 아침마다 저자와 만나 작업을 했다. 나는 던컨 홈즈Duncan Holmes, 웨인과 조 넬슨Wayne and Jo Nelson, 빌 스테이플스Bill Staples. 존 밀러John Miller를 언급하고자 한다. 마스터 퍼실리테이터인 그들은 워크숍 기법을 이용하여 케노라에서 이누빅, 그리고 밴쿠버에서 미라미시[1]까지 여러 지역사회와 조직들을 미래로 진전시켰다. 그들이 말해 주어 이 책에 담긴 내용들은 아주 새로운 지혜였다. 독자들은 이제까지 지면에 실리지 않은 워크숍 기법에 대해 배우게 될 것이다. 존, 빌, 조와 웨인, 던컨에게 감사한다.

---

1) 모두 캐나다의 도시들로, 케노라(Kenora)는 남부, 이누빅(Inuvik)은 북서부, 밴쿠버(Vancouver)는 남서부, 미라미시(Miramich)는 남동부에 위치해 있다. - 역주

특히 원고 작업을 해준 던컨 홈즈와 조 넬슨, 다프네 필드Daphne Field에게, 그리고 내 많은 질문에 기꺼이 답해준 웨인 넬슨에게 감사한다. 던컨은 기법 부분을 세부적으로 검토하고 내가 많은 부분을 최대한 명료하게 고쳐 쓸 수 있게 도와주었다. 조 넬슨은 마지막 장을 다시 써서 더 유용하게 다듬어 주었다. 빌 스테이플스가 찍은 사진들은 이 책의 아이디어 삽화로 들어가 있다. 빌에게 감사한다.

편집자 로니 시그렌Ronnie Seagren과 브리안 그리피스Brian Griffith는 저자가 곧고 좁은 길을 계속 갈 수 있도록 창의성과 세심함으로 이끌어주는 최고의 일을 해주었다. 감사한다.

또한 나는 내 동료들, 그리고 마감이 늦어도 관대하게 대해 준 뉴소사이어티 출판사 New Society Publishers에 감사의 뜻을 전하고 싶다.

지난 7년간 「엣지스Edges」는 퍼실리테이션과 워크숍에 대한 현장 사례가 담긴 내용들을 정기적으로 출간했다. 그 논문들의 풍부한 기사와 사례들이 이 책에 많이 실려 있다. 「엣지스」와 그 저자들에게 감사한다.

마지막으로 아내에게 고마운 마음이다. 아내는 내 원고를 읽어주고 늘 격려를 잊지 않았다. 특히 밤늦게까지 「컨센서스 워크숍 퍼실리테이션The Workshop Book」 작업에 매달린 나를 이해해준 것에 감사한다.

머리말

ICA 기법에 친숙한 사람들은 왜 현 시점에 ICA 캐나다가 컨센서스 워크숍 기법에 대한 책을 출간하는지 의아해 할 수도 있다. ToP 합의형성기법은 언뜻 보면 매우 단순하다. 왜 그것에 대해 책 한 권을 할애하는 것일까?

세련되고 단순한 많은 툴들과 마찬가지로, 이 기법 아래에는 깊고 풍부한 사고와 경험이 녹아있다. 단순히 이 기법의 단계를 따르는 것만으로도 놀라운 결과를 얻을 수 있지만, 많은 사람들은 이 기법이 효과를 발휘하는 이유와 최대한 활용하는 방법을 알고 싶어 한다. 기법의 각 부분과 전체 프로세스, 그 기반이 되는 인간 본성 등에 대한 지식과 이해는 기법 활용에 깊이와 정교함을 더해준다.

이 책은 이 기법을 적절하게 적용할 수 있도록 분명하고 상세하고 실용적인 절차를 제공하는 안내서가 되고자 한다. 또한 크고 작은 그룹에 기법을 적용하기 위해 '빠르고 간편한' 해결책을 강구하거나 합의를 향한 깊고 진지한 대화를 촉진하기 위해 마련된 가이드이기도 하다. 반복 활용이 필요한 경우 프로세스의 경험에 변화를 주기 위한 방법도 제공한다.

또한 이 책은 퍼실리테이션 설계와 문제 해결을 위한 참고서는 물론, '모범 사례' 경험을 위한 준비 자료가 되도록 쓰여 졌다. 이 책은 교육 경험으로부터 학습을 구체화하고 혼란을 명확히 할 수 있다.

효과적인 초점 질문, 최종 워크숍 결과물 및 통합 과정에 대한 사례들은 퍼실리테이터에게 성공적인 워크숍을 이해하고 설계할 수 있는 본보기를 제공한다.

우리는 당신이 그룹과 함께 이 기법을 활용하여 그들의 지혜를 도출하고 정제하여 성공하기 바란다.

조 넬슨

국제퍼실리테이터협회 회장

서문

> 모든 목소리가 경청되고 다양한 경험이 문제해결을 위해 수집되는 보다 집단적인 프로세스가 근대 정부가 선호하는 하향식 프로세스보다 훨씬 더 풍부한 형태의 민주주의를 산출한다.
>
> 쥬디 레빅Judy Rebick, 「민주주의를 그려보라Imagine Democracy」

완전한 참여에 대한 요구

역사적 이유가 무엇이든, 아마도 조직과 그룹에서의 압도적인 크기 때문이겠지만, 대규모 조직과 그룹에서는 보통 사람들이 그들의 삶에 영향을 미치는 결정에 대해 견해를 밝히고, 자신의 창의성과 통찰을 해결책에 덧붙일 기회를 갖고자 하는 강한 요구가 나타나고 있다. 오늘날 문제를 이해하거나 결정을 내리거나 해결책을 얻기 위해 사람들이 무리지어 모이는 곳 어디서든 문제가 되는 것은 '누가 참여를 하고, 누구의 지혜가 받아들여지고, 어떤 프로세스가 활용되는가'이다. 우리에게 익숙한 공공 회의는 소수의 사람들이 연단에 자리하고 큰소리로 모여 있는 사람들을 향해 생각하는 바를 말하는 식이다. 나중에 청중이 질문을 할 수도 있지만, 그들이 아이디어를 제시하지는 않는다. 이런 프로세스는 하향식이며 생색내기에 지나지 않는다.

이것은 몇몇 사람이 '옳다'고 가정하는 이분법의 일례라 할 수 있다. 그들은 해답을 가진 사람들이다. 나머지 사람들은 틀렸거나 무지하며 다른 사람들과 나눌 것이 없다. 전문가의 역할은 부정하는 것은 아니지만, 이러한 방식은 많은 문제를 다루는 데 있어 너무도 자주 힘 있는 사람들이 전문가에게만 귀를 기울이고 일반 대중의 말은 듣지 않게 한다.

24

회의와 포럼의 구조를 변화시키는 것은 단순히 대중을 초대하여 질의 시간을 갖는 것보다 대중에게 목소리를 더 부여할 수 있을 것이다. 나는 언젠가 '물 문제'에 대한 공공 포럼에 갔던 적이 있다. 전문가들이 연단 위에서 연설을 하고 나서, 사람들이 마이크 쪽으로 나와 개별적으로 질문을 했다. 나는 '만약 우리가 테이블에 둘러앉아 서로를 제대로 마주볼 수 있다면, 그리고 퍼실리테이터가 클립보드를 가지고 앞에 나와 전문가를 포함한 모든 청중에게 〈물 문제를 다루기 위해 우리가 무엇을 할 수 있을까요?〉 같은 초점 질문을 제시한다면 많은 것이 달라질 텐데.'라고 생각했다. 사람들은 질문에 어떻게 답할지 메모하라는 권유를 받을 것이다. 그런 다음 퍼실리테이터는 그들의 답을 플립차트에 쓰고 그룹이 그들의 지혜를 통합하도록 도울 것이다. 뒤에서 컴퓨터와 프린터로 작업하는 사람이 기록하고 마지막에 출력하여, 모든 사람이 그들의 성과와 결정이 담긴 문서를 들고 돌아갈 수 있을 것이다.

이 두 프로세스의 차이는 하늘과 땅 차이다. 사람들의 창의성이 촉발된다. 그들은 공통의 문제를 다루는 공동체가 된다. 모든 참여자들은 자신의 목소리를 낼 기회를 갖는다. 전문가도 자기 차례가 있고 일반인도 자기 차례가 있다. 최후에는 집에 가지고 돌아갈 성과물이 있다.

그러나 더 훌륭한 참여는 기술을 필요로 한다. 대부분의 사람들은 '참여자'에게 말하라고 권하는 절차가 있는 끔찍한 회의에 참석한 경험을 가지고 있다. 그러나 목숨을 부지한 채로 탈출할 수 있는 사람은 행운아다. 사람들은 말을 끝내기도 전에 노골적으로 비웃음을 당한다. 언쟁과 폭언이 만연한다. 이런 환경에서는 입을 열기가 망설여진다. 의회조차 이를 극복하지 못한다. 캐나다 의회의 질의 시간을 참관한 사람은 다른 사람들의 생각이 얼마나 쉽게 조롱받는지, 또한 연사가 얼마나 자주 욕설을 듣는지 목격하게 된다. 데브라 탄넨Debra Tannen의 「논쟁의 문화The Culture of Argument」는 사회의 모든 영역에서 볼 수 있으며, 사람들이 말을 시작하자마자 나타나는 이런한 경향에 대해 설명해준다. 이것은 왜 최근 들어 대화에 관한 책들이 쏟아져 나오는지도 설명해줄 수도 있다. 그런 책들은 현재의 문화를 바꾸고 다른 관점을 제시하려 한다. 저자는 그룹이 서로 존중하는 자세로 대화하고 경청하는 것이 가능하다고 말한다.

비지니스 세계에서는 참여와 상호 존중을 의사결정에 구조화하는 방향으로 변화가 이루어지고 있다. 하지만 위계적으로 조직된 대부분의 기업에서는 사람들이 계속 머리를 숙이고 묵묵히 자기 일을 하며, 의견은 전혀 제시하지 않는다. 창의성의 원천은 멈춰버리고 만다. 경영진은 부하 직원들로부터 피드백을 거의 받을 수 없다.

많은 임원들과 구성원들은 위계적 복종이 조직의 최종적인 형태라고 당연하게 생각한다. 그러나 오늘날에는 큰 규모나 수익성을 넘어 고도의 성숙과 성취를 향한 비전을 가진 조직들이 있다. ICA 캐나다는 리더십과 참여, 조직의 형태를 기술하기 위해 아래와 같은 모형을 개발했다. 이 모형은 조직개발의 경로를 주요 4단계로 보여주며, 위계적 조직은 모형의 최하 단계이다. (그림A)

조직이 단계를 따라 올라갈수록 관련된 모든 사람들의 참여와 상호작용, 협력은 높은 수준에 다다른다.

그러나 이 모든 변화들이 진행되고 있음에도 불구하고, 평범한 NGO 위원회나 협회의 회의를 들여다보면, 여전히 로버트의 회의 규칙Robert's Rules of Order[2]이 지배적이라는 것을 발견할 수 있다.

---

2) 1876년 미국인 Henry M. Robert가 만들어 전세계적으로 가장 많이 쓰이는 회의 규칙이다. 회의진행은 정족수 확인과 개회선언, 의장 인사, 전의사록 승인, 임원 및 위원회 보고, 미결중인 안건 소개, 새 안건 건의, 폐회의 순서로 이루어지며, 정족수의 원칙, 다수결의 원칙, 일사부재의의 원칙 등 13개의 원칙을 엄격히 따라야 한다. 역주

그림A. 조직의 지도 (Organization map)

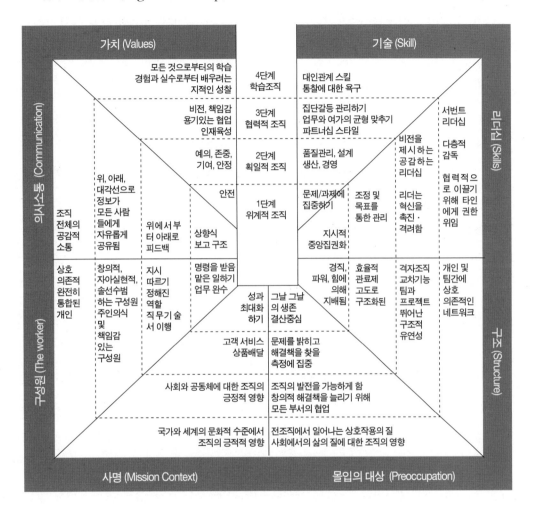

로버트의 규칙인가, 제한 없는 질문인가?

로버트의 회의 규칙을 돌아보자. 저술가 헨리 로버트Henry Robert는 우리가 상당히 감사할 만한 지적 자산을 남겼다. 1876년 처음 출간된 「로버트의 회의 규칙」은 거만한 의장과 무자비한 파벌에게 쉽게 희생당하던 회의 구성원들을 위한 계몽과 위안이 되어주었다. 로버트의 규칙은 집단이나 조직의 구성원에게, 적절한 고려도 하지 않고 논쟁의 여지가 있는 해법을 밀어붙이려는 사람들과 싸울 수 있는 무기를 쥐어주었다. 역사적으로 봤을 때 이 규칙은 회의를 보다 민주적으로 진보시켰다. 아쉬운 대로, 로버트의 규칙은 여전히 유용하게 쓰일 수 있다.

역사적으로 볼 때, 로버트 회의 규칙은 분명한 장점도 많지만 단점 또한 많다. 이 규칙들은 이제 콜로서스[3]처럼, 다수의 사람들이 실질적이고 다방면으로 참여하는 것을 방해하고 있다. 그 길을 가로막고 있는 것은 '대규모 인원을 의사결정에 참여시키는 방법은 의장이 지명한 위원회에 모든 것을 넘기는 것'이라는 로버트의 규칙을 뒷받침하는 기초적인 이미지다. 이 방식은 간편하다. 위원회가 방법을 찾아내 큰 집단에 돌아오면, 사람들은 그에 대한 가부만 말한다. 그것도 흔히 참여라 불린다. 또는 위원회가 발의를 하고, 그에 대한 토의 시간을 가진 뒤, 사람들이 투표를 한다.

여기서 참여는 토론에 대한 반응을 얻기 위해 취해진다. 사실, 집단이 우세해지려면 개인은 다소 억제되어야 한다. 투표 절차는 이기고 지는 것에 기초한다. 투표의 패배자는 호소할 데가 없다. 사람들이 자진해서 일을 맡을 기회가 없다. 그러려면 위원으로 선출되어야 한다. 위원회는 실행 계획을 생각해내지 않고 단지 보고서만 작성하며, 이는 '수렴'되고 투표에 붙여진다. 프로세스는 너무나 지루해서 참여자들을 뇌사상태로 만들어 버릴 수 있다. 그러나 여전히 의회와 조직과 위원회는 출간된 지 125년이나 지난 로버트 규칙에 기초하여 회의를 진행한다. 이는 이 규칙의 유용성에 대한 놀라운 증거이거나, 인류의 상상력 결핍에 대한 반증일 것이다.

---

3) 스핑크스와 같은 거대한 동물상이나 인물상을 뜻한다. 로도스섬의 태양신 「헬리오스 청동상」 콜로서스는 높이가 36m나 된다. 역주

관여의 수준

완전한 참여는 갑자기 발생하지 않는다. 의사결정을 하게 될 때, 항상 관여 수준에 대한 스펙트럼이 있다.

의사결정에서 관여의 수준

계획과 활동 실행에 대한 책임	완전한 책임	8	참여자들은 주어진 상황이나 프로젝트, 조직의 모든 면에 완전한 책임을 진다.
	의사결정 권한	7	참여자들은 명확히 정의된 권한 내에서 특정 의사결정 권한을 갖는다.
	실행 책임	6	참여자들은 특정한 결정이나 프로젝트를 실행하도록 지명된다.
의견 제공	결정에 대한 의견	5	참여자들은 특정 의사결정을 하는 사람들이 고려할 아이디어를 제공한다. 반응을 얻기 위해 계획을 제시할 수 있으며, 개방형 질문을 할 수 있다.
	실행에 대한 의견	4	참여자들은 결정이 실행될 수 있는 방법에 대한 아이디어를 제공한다.
정보 및 서비스 제공 받기	교육	3	참여자들은 결정사항이 무엇이며, 그 결정에 어떻게 영향 받게 되는지, 무엇이 예상되는지를 이해하는 데 도움을 받는다.
	설득	2	사람들은 결정에 동의하도록 권유받는다.
	정보	1	참여자들은 결정을 통보받고 수립된 결정과 지침에 따라 움직인다.

레벨 6, 7, 8은 진정한 참여의 수준이다. 레벨 1, 2, 3은 보다 형식적인 참여다. 우리는 모든 조직이 (현재는 매우 드문) 레벨 8을 향한 여정에 있다고 주장할 수 있다.

요즘 사람들은 진정한 참여와 형식적인 참여 사이의 차이를 알고 있다. 그들은 작은 그룹이 광범위한 참여를 유도하는 프로세스를 따를 때 어떤 일이 일어날 수 있는지 보았다. 청소원까지도 모두 참여하는 프로세스 말이다. 아직도 많은 사람들이 이것이 불가능하다고 믿고 있다. 그러나 이것은 가능하다. 형식적인 참여는 전성기를 지났다. 더 이상 널리 퍼질 필요가 없다.

어느 지방의 경제 발전에 대한 수뇌부 회의를 예로 들어보자. 주지사는 임기 초기에 기업, 노조, 원주민 조직, 정계 등으로부터 120명의 리더를 불러 모았다. 제한 없는 세 가지 질문이 회의에 상정되었다. 모두가 기여를 했다. 모든 아이디어가 두 단계로 통합되었고 권고안으로 다듬어졌다. 임기 후반이 되었을 때, 주지사는 이 회의의 결과에 입각하여 자신의 정책을 세웠다는 사실을 밝혔다.

관리자나 의사결정권자가 참여를 두려워하는 한 가지 이유는 많은 토의 기법들이 참여자들에게 아이디어를 처리하고 권고에 대한 책임을 지도록 요청하지 않으면서, 그저 아이디어를 내라고만 요청하기 때문이다. 누군가 대신 결정하고 실행할 아이디어를 내는데 사람들이 열정적으로 참여하리라고 기대하는 것을 비현실적인 기대와 요구이며, 결국 사람들을 실망과 비난, 절망으로 이끌 것이다. 컨센서스 워크숍 기법은 이러한 문제에 대처할 수 있다. 이 기법은 참여자들에게 그들의 아이디어를 '분류하기'와 '이름짓기' 단계에서 처리하도록 하고, '마무리하기' 단계에서 그들에게 책임을 맡도록 요청하기 때문이다.

새로운 사회 스타일을 향한 변화

로버트 규칙의 완고함과 참여 스펙트럼의 낮은 단계가 놓여 있는 한 손, 그리고 자유로운 참여의 세계가 놓여 있는 다른 한 손 사이에는 건너야 할 넓은 간격이 있다. 간격의 한 쪽은 오래된 사회 스타일이고, 다른 쪽은 근본적으로 새로운 스타일이다. 그 사이에서 많은 이미지와 가치의 변화가 있다. (그림 B)

퍼실리테이티브 리더십

사회의 여러 다양한 분야의 사람들이 이런 스타일의 변화와 도약을 일으키고 있다. 퍼실리테이티브 리더십은 그 모든 것의 요체다. 지금은 초기 단계지만 이 새로운 스타일의 리더십과 관리가 일터와 조직에 새로운 참여를 가져올 것이며, 커뮤니케이션과 관계에 대한 새로운 사회 스타일의 가능성을 지속적으로 증명할 것이다.

컨센서스 워크숍 기법은 퍼실리테이티브 리더십의 한 가지 수단이다. 2장에서 보게 되겠지만, 이 기법은 당신이 퍼실리테이티브 리더로 변화하는데 큰 도움이 될 것이다.

그림B 근본적 변화

근본적 변화		
과거의 스타일	범주	새로운 스타일
1. 진리는 높은 곳으로부터 옴 2. 하나의 관점을 가진 규칙 3. 옳은 답과 틀린 답 4. 그룹의 다양성은 문제가 됨	Ⅰ. 사람들의 인식	1. 모든 사람이 지혜로움 2. 진리는 다양한 관점에서 옴 3. 모든 경험으로부터 학습 4. 다양성은 프로세스와 내용을 풍부하게 함
5. 분석 6. 논쟁 7. 합의 = 동의 8. 다른 사람이 실행할 아이디어 구상	Ⅱ. 프로세스 이해	5. 통합과 탐구 6. 대화 7. 함께 전진 8. 실행 결정에 대한 책임
9. 상사의 명령에 복종 10. 경쟁 의견과 논쟁 11. 소수에 의한 의사결정 12. 권력과 통제 게임	Ⅲ. 의사결정	9. 비전에 대한 공동의 신념 10. 의견 이면에 있는 가치 찾기 11. 의사결정에 대표자 참여 또는 직접 참여 12. 창의적 프로세스 및 파트너십 규칙
13. 잡다한 트릭과 속임수인 퍼실리테이션 14. 컨설턴트의 중재 15. 무언가 '고정'시키려는 노력 16. 오래된 하향식 관리	Ⅳ. 변화의 의도	13. 혁신적 수단인 퍼실리테이션 14. 삶을 변화시키는 퍼실리테이션 프로세스 15. 열정, 관여, 신념의 자각 16. 새로운 관리 형태인 퍼실리테이티브 리더십

컨센서스 워크숍 기법의 기초

1장과 2장은 ICA 컨센서스 워크숍 기법의 배경 설명을 담고 있다. 이 워크숍 기법을 어떻게 활용할 수 있는지, 또는 이 기법이 어디에서 비롯되었는지 알고 싶다면 1장과 2장부터 읽어보라.

이 기법이 너무 생소하다면 3장부터 보기 바란다.

이 기법을 당장 활용하고 싶다면 4장을 시작하여 2부로 넘어가라.

1장. 왜 컨센서스 워크숍 기법을 이용하는가?

우리가 모두의 우매함에서 공동의 지혜로 나아가려면 적대적인 태도를 대화 자세로 변화시키는 것이 핵심적인 필수조건이다.

로버트 테오발드Robert Theobald

끔찍한 회의

회의란 모종의 짜임새 있는 프로세스가 없으면 아주 혼란스러워지기 마련이다. 예전에 동료 게리Gary가 직장에서 바람직한 회의를 하는 것이 얼마나 어려운지 자세히 이야기한 적이 있다.

내가 다니는 직장에서 상사와 있었던 일이예요. 이따금씩 상사와 회의에 참석하는데, 특히 격주로 금요일 아침에 하는 회의가 무한정 지겹게 반복되고 있지요. 회의가 끝날 때면 무슨 식순에 따르듯이 매번 같은 일이 벌어져요. 상사뿐만 아니라 모두들 문을 나서며 이런 말을 하는 거예요. 그 회의가 그나마 제대로 돌아간 건 마지막 5분이 전부인 것 같다고 말이지요. 상사는 좀 더 자세한 얘기를 늘어놓아요. 회의실에서 사무실로 돌아가기까지 꽤 걸어가야 하니까요. 그래서 격주 금요일마다 우리는 회의실을 나서며 습관적으로 같은 일을 반복하는 거예요. 어째서 회의실에서 건질 건 마지막 5분밖에 없는지에 대해서 아주 시시콜콜하게 얘기하는 거지요.

나는 결국 어느 날 그런 말을 듣는 데 지쳐버렸어요. 실은 짜증나서 그런 것 같지만, 이런 말을 내뱉고 말았지요. "우리가 오늘도 이런 얘기를 하면 1년 내내 같은 말만 되풀이하는 거예요. 지금과 다르게 회의를 진행하려면 사람들에게 필요한 세 가지가 무엇일까요? 그들이 필요로 하는 게 무엇일까요?"

상사가 유난히 똑똑한 사람은 아닌데, 그의 대답은 놀라웠어요. "그 사람들은 문제를 어떻게 해결해야 하는지 모르는 거야. 함께 생각할 줄 몰라." (나는 생각했지요. '나쁘지 않은데.') "그들은 계획을 세울 줄도 몰라. 그들이 단순하게 한 번에 한 가지씩만 얘기할 수 있다면 기적이 일어날 거야. 한 팀으로서 움직이는 방향으로 더 멀리 갈 수 있게 되겠지. 그들은 팀으로서 함께 일하는 방법을 몰라. 마지막으로, 그 방법을 안다 해도 그들은 어쨌든 그렇게 하고 싶어 하지 않아." 나는 정말 놀라고 말았어요.

게리는 이어서 그가 참석했던 숱한 회의들이 어떤 식으로 습관적으로 흘러가는지 얘기해 주었다.

회의는 관련 없는 이야기로 시작되지요. 그러면 누군가 질문을 하거나 문제의 본질을 언급하고, 또 누군가는 문제에 관해 농담을 던져요. 다른 참석자가 지금까지 언급된 내용은 문제가 아니라고 주장해요. 이에 문제의 본질에 대한 논쟁이 이어지지요. 결국 회의는 처음 언급된 문제가 정말 논할 가치가 있다고 결정해요. 두 사람이 문제에 대해 서로 다른 분석을 제시해요. 양쪽 분석이 모두 편파적이라는 의견이 나오지요. 누군가 여기 모인 사람들은 팀워크에 대한 강의를 들어야 한다고 말해요. 그러면 자신이 참석했던 팀워크 강의 얘기를 늘어놓는 사람도 있고, 그 강의의 타당성에 의문을 던지는 사람도 있어요. 한 참석자가 정신을 차리고 그들이 문제에서 한참 벗어나 헤매고 있다고 말하지요. 또 누군가 문제에 대한 다른 분석을 내놓아요. 어느 참석자가 문제를 분석하는 것은 쉽지만, 문제를 해결하는 것은 얼마나 어려운지 말해요. 분석에 골몰하던 사람들은 분석의 힘을 열심히 옹호하고 나서요. 회의의 리더는 진저리치며 펜을 던지고 방을 확 나가버리지요.

당신도 그런 회의에 참석해본 적이 있는가? 우리 모두 한 번쯤은 겪어본 끔찍한 회의다. 도일Doyle과 스트라우스Straus는 「회의에서 성과를 내는 법How To Make Meetings Work」에서 이런 현상을 '머리 여럿 달린 괴물 증후군Multi-headed Animal Syndrome'이라고 칭한다.

게리의 그룹은 매우 난해한 일에 매달려 있다. 바로 어떤 방법이나 서로에 대한 존중도 없이 한 팀이 되어 문제를 해결하려는 것이다. 그들에게는 워크숍 기법이나, 적어도 집중 대화 기법이 필요하다. [브라이언 스탠필드R. Brian Stanfield의 「집중 대화 기법: 직장 내 집단 지혜 100가지 접근법 The Art of Focused Conversation: 100 Ways to Access Group Wisdom in the Workplace」 참조] ToP(참여공학, Technology of Participation)로 대표되는 ICA 기법을 활용하는 사람들은 절망적으로 묘사된 그 상황에 워크숍 프로세스가 요구된다는 것을 알고 있다. 그 워크숍 프로세스는 주제에 대해 모든 이들의 아이디어를 끌어내고, 각자가 뜻하는 바를 이해하고, 논지를 발전시킬 아이디어에서 유사점을 찾아내고, 그 아이디어들을 밀어붙여 문제의 해결책을 구하는 바람직한 사고 과정이다. 그 프로세스는 아이디어를 체계화하고 이름을 붙이는 것으로, 컨센서스 워크숍을 필요로 한다.

프로세스에 대한 무지

대부분의 관리자들이 프로세스 및 프로세스 단계의 개념에 대해 무지한 편이다. 대부분의 사람들은 거대한 주제를 요소별로 작게 분류하는 방법을 모른다. 그들은 프로세스의 부분들을 통해 생각하는 방법을 모른다. 많은 자료에서 데이터를 뽑아 하나의 그림이 되게 하는 방법을 이해하지 못한다. 그들은 회의실에 들어가 묻는다. "이 분야에서 우리에게 필요한 성공 전략이 무엇인가요?" 그리고는 감히 값진 성과가 있기를 바란다.

그런 질문을 던지기 전에 밟아야 할 단계들이 있다. 그런 질문을 할 때 취할 단계와 질문한 후에 취할 단계도 있다. 컨센서스 워크숍 기법을 이해하는 것은 프로세스 사고방식을 이해하는 것이다.

샘 카너Sam Kaner 등이 저술한「참여적 의사 결정을 위한 퍼실리테이터 가이드Facilitator's Guide to Participatory Decision Making」는 프로세스의 결여로 빚어진 이야기를 소개한다.

> 어느 소프트웨어 출판 회사는 매달 최고업무책임자의 주재로 모든 부서의 관리자들이 참석하는 회의를 열었다. 관리자들은 회의가 너무 실망스럽다고 불평했다. "상사가 5분 만에 토론을 중단시키는 일이 종종 있어요." 그들은 투덜거렸다. "어떤 때는 끊임없이 계속 진행시키기도 하구요. 자신이 이미 정한 결정을 우리가 그저 받아들이기만 원하는 것 같을 때도 있어요. 어떤 때는 우리 생각에 별 관심도 없다가, 또 어떤 때는 우리가 아주 상세한 것까지 파악하기를 바라기도 해요. 그래서 미치겠다고요!"

그런 회의는 필요 없다. 모두가 참여하여 지혜를 나누는 회의를 만들기 위하여, 배울 수도 있고 가르칠 수도 있는 기법과 프로세스가 있다. 컨센서스 워크숍 기법을 시작하라.

'워크숍'의 일반적인 활용

'워크숍'이라는 단어에는 몇 가지 일반적인 의미가 있다.
- 쟁점에 대한 그룹 토론
- 브레인스토밍과 조직화를 위한 그룹 내 모임

- 평소보다 긴 회의
- 정보를 제공하거나 쟁점을 토론하는 공개 포럼
- 많은 전문가들이 프레젠테이션을 하는 컨퍼런스
- 예술가나 음악가들이 함께 '잼'[4]을 하거나 작품을 논하는 회합

하지만 이 책에서 워크숍은 다음의 5단계 접근법을 말한다.
- 도입하기
- 아이디어 내기
- 분류하기
- 이름짓기
- 마무리하기

워크숍에 대한 여러 가지 이미지가 퍼져있기 때문에, ICA는 최근 '컨센서스 워크숍'이라는 용어를 사용하여 이 책에 기술된 워크숍을 여타의 워크숍과 구별하기로 했다. 그 점을 반영하기 위해 책의 제목을 변경하고 싶었지만, 이미 「The Workshop Book」으로 제목이 정해져 있었다. 그에 대한 대응책으로 본문 내 적절한 곳에 '컨센서스 워크숍'을 삽입했다.

컨센서스의 본질에 대한 오해가 크다. 대부분의 사람들은 모든 사람이 동의하는 것을 컨센서스라고 생각한다. 그러나 컨센서스는 분명히 그룹의 공통 의지를 말한다. 컨센서스는 그룹이 함께 전진할 수 있게 하는 공통의 이해다. 모든 참여자들이 모든 사항에 다 동의하지 않더라도 기꺼이 함께 전진하려 할 때 컨센서스에 도달한다.

---

4) 잼(jam)은 음악가들이 모여 즉흥합주를 하는 것으로 재즈에서 많이 쓰이는 용어이다. 다른 분야의 예술가들이 모여 즉석에서 춤, 그림 등의 예술적인 활동을 하는 것 또한 잼이라고 한다. 역주

이 책의 '컨센서스 워크숍'은 ICA가 40년 이상 50여개 국가에서 활용한 방법을 칭한다. 게리의 상사가 표현한 대로 사람들이 '함께 생각하고', '계획하고', '팀으로서 함께 일하는' 것이 가능하도록 하는 방식을 말한다.

ICA 외부에서 브레인스토밍은 흔히 다음을 위해 사회에서 통용된다.

· 데이터 투입
· 말할 것이 있는 누군가로부터 비롯된 아이디어의 무작위 목록 작성

이 과정에서 브레인스토밍은 대체로 가장 목소리가 큰 사람들로부터 정보를 모으고, 그 일부만 작업 대상으로 삼는다. 게다가 참여한 사람들은 종종 별로 할 일이 없다고 느낀다. "당신이 우리의 의견을 말해 주세요."라는 식이다. 그들에게는 참여와 실행 사이에 아무런 연관이 없다.

이 기법이 가장 효과적으로 적용되는 상황

존 젠킨스Jon Jenkins는 「국제 퍼실리테이터 지침서The International Facilitator's Companion」 에서 이 기법은 실질적인 의사결정과 실질적인 문제해결이 요구될 때 가장 잘 이루어진다고 말했다.

컨센서스 워크숍은 그룹이 실질적인 의사결정을 할 수 있게 하는 방법이다. 이 방법은 그룹이 어떤 공통의 관심사를 공유할 때 효과적이다. 관심사가 구체적일수록 워크숍의 효과가 커진다. 그 필요가 긴급할수록 워크숍의 결과가 더 좋아진다. 컨센서스 워크숍을 통해 그룹은 일반적이지 않은 문제에 대해 창의적인 해결책을 개발할 수 있다.

아이디어나 해결책을 강요하는 워크숍은 비효율적이다. 컨센서스 워크숍은 컨센서스

의 결정에 참여하는 사람들에 기초하며, 워크숍에 참여하는 그 사람들이 바로 계획이나 모형을 실행하는 사람들이다.

가장 단순한 활용 사례를 들어보자. 누구네 집 식탁에 둘러앉아 한가롭게 '수다를 떨고 있는' 사람들이 있다. 화제가 동네 얘기, 거리와 공공장소 상태에 대한 얘기로 옮아간다. 그쯤 되면 누군가는 이런 말을 하기 마련이다. "누군가 그 일에 나서야 해요." 대답이 돌아온다. "우리는 항상 '누군가' 나서야 한다고 말하고 있잖아요. 우리가 해보면 어때요?" 그러면서 그녀는 손가방에서 메모지와 펜을 꺼낸다. "그럼, 생각해보자고요. 우리 동네를 위해 우리가 할 수 있는 일이 뭐가 있을까요?"(초점 질문) 식탁 주위에서 이런저런 답이 나올 때, 그녀는 그것들을 받아 적는다(브레인스토밍). 그리고 나서 말한다. "그런데 요점이 뭐죠? 이 아이디어들을 정리해 봐요." 그 그룹은 20개 아이디어를 다섯 가지 주요 영역별로 나누어 놓는다. 벗겨진 페인트, 길가 웅덩이, 황폐한 공원, 고장 난 공공식수대, 공중시설을 파손하는 불량배(분류하기 및 이름짓기). 그녀는 초점 질문을 던져 두 번째 컨센서스 워크숍으로 바로 넘어간다. "이 문제에 대해 우리가 할 수 있는 게 무얼까요?" 두 번째 워크숍이 끝나갈 때 그녀가 말한다. "이걸 문서로 작성해서 모두 복사해 줄게요. 그리고 또 누가 무슨 일을 할지에 대해 언제 만나서 의논할까요?"(마무리하기)

대체로 컨센서스 워크숍 기법은 그룹의 모든 구성원들을 다음의 활동에 적극적으로 끌어들이기에 유용하다.

활동의 종류

· 계획하기 : 모두의 조언을 실용적인 계획으로 완성

· 문제 해결 : 해결책 개발

· 개인이나 그룹 리서치 : 다양한 의견을 리서치 주제로 유도

· 의사 결정

활동의 목적

1. 아이디어 모으기
2. 대화를 통한 더 큰 패턴 파악
3. 그룹의 통찰 요약
4. 해결책에 대한 합의 도출

계획하기

컨센서스 계획 워크숍은 단순할 수도 복잡할 수도 있다. 계획하기를 위해 컨센서스 워크숍을 활용하는 것은 주간 업무에 대한 프로젝트팀의 브레인스토밍만큼 단순할 수 있다. 즉, 업무를 범주별로 모으고 그 범주를 두세 개의 작은 팀에 할당한다. 또는 물건 목록을 접착식 메모지에 적어 슈퍼마켓 약도에 붙이는 쇼핑객의 브레인스토밍 같을 수도 있다. 아니면 요크York 시의 경기부양처럼 훨씬 더 복잡할 수 있다.

경기침체를 겪고 있던 요크 시는 새로운 인물이 지역 경제 활성화 문제를 검토해줄 필요성을 절감하고 있었다. 그래서 시당국은 시의 서로 다른 구역에서 신중하게 선정한 시민들을 모아 지역경제발전 자문위원회를 결성하고 회의를 하기 시작했다. 얼마 지나지 않아, 어느 구역 하나만으로는 경제 회생을 실현할 수 없다는 점이 분명해졌다. 그룹은 리서치를 시작하고 몇 차례 만난 후에, 전문 퍼실리테이터의 도움을 받으면 더 빠르고 정확하게 목표를 향해 나아갈 수 있다는 것을 깨달았다. ICA는 1994년 장기계약을 체결하고 위원회와 일을 함께했다.

ICA의 자문은 위원회와 태스크포스를 위한 철저한 계획 프로세스로 시작되었다. 퍼실리테이터 던컨 홈즈는 위원회와 격주로 만나 현재 상황을 분석하고 장단점을 판단했다. 그 후 미래 경제에 대한 고무적인 비전을 제시할 계획 프로세스를 통해 위원회를 이끌었다. 다음 단계는 비전을 가로막는 장애물을 분석하는 것이었다. 그룹은 새로운 방향을 잡았다. 위원회가 착수할 수 있는 프로젝트의 윤곽을 그리고 복수의 태스크포스를 구성하기로 결론 내렸다. 태스크포스는 스스로 세운 실행 계획을 실행했다. 마침내 태스크포스는 협력하여 우선사항을 정하고 실행 팀을 만들고 향후 6개월의 업무 계획을 세웠다.

그 모든 성과는 위원회 안팎으로 커다란 자극제가 되었다. 우선 그 지역은 미래를 위한 계획을 갖게 되었다. 위원회의 한 사람은 지역사회에 대한 참여식 자문의 본보기이며, 그 계획이 '캐나다에서 가장 우수한 지역 발전 계획일 것'이라고 생각했다. 이는 누구든 계획의 개발에 관여할 수 있다는 것을 증명했다. 즉, 종전의 계획에서는 제외되었던 분야라도 집단의 관심을 받게 되면 곧바로 수용 되었다.

이 계획의 성과는 다음과 같았다.
· 약 2만㎡의 산업 부지 통합
· 요크 시 홍보용 비디오 제작
· 신규사업 자금 제공에 대한 지역 신용조합의 협약
· 요크 시 문화센터를 위한 자금 제안서

문제 해결

퍼실리테이터 짐 러프Jim Rough는 소기업에 관한 문제 해결 사례를 들려주었다.

한 제재소의 정비공 12명으로 이루어진 그룹에서, 직원 전원이 급유기를 다룰 상근직원을 충원해야 한다는 의견을 단호하게 주장했다. "충원이 필요하다는 건 확실합니다!" 근로자들은 소리쳤다. "사람이 있어야 할 곳에 없기 때문에 기계가 고장 나고 유지비용이 올라가는 겁니다. 다른 방법은 없습니다." 비용 압박을 염려한 사장은 이에 동의하지 않았다. 사장과 대화를 나눈 후에 그들은 컨센서스 워크숍을 통해 더 이상의 고용 없이 문제를 해결할 수 있는 다른 방법을 찾아보기로 합의했다. 그들은 워크숍에서 아이디어를 끌어 모아 네 가지 요점의 계획을 수립했다. 이는 인력 충원 없이 문제를 해결하는 것 이상의 결과였다.

1. 주당 1인 약 20시간을 절약해주는 신형 급유 설비
2. 기존 윤활유의 종류 교체를 통한 시간 절약
3. 급유 및 유지보수에 대한 주state 지원 훈련 프로그램을 활용한 기존 급유 직원의 능력 향상
4. 설비 기사가 필요 급유의 많은 부분을 담당하도록 직무 분류 변경

이 그룹은 "우리가 할 수 있는 유일한 일"을 추구하는 대신 자신들의 창의성을 활용하여 낡은 사고방식을 깨뜨렸다. 그들은 자신들의 문제를 해결함으로써 성과를 이루었을 뿐만 아니라 능력과 자신감, 신뢰를 키웠다.

워크숍 기법은 특정한 문제를 다루는 방법에 대한 합의를 도출하기 위해 활용될 수 있다.

건축가 게 번즈Gae Burns는 매니토바 주택국Manitoba Housing에서 수년간 일했다. 언젠가 그는 새로운 여성 보호소를 설계해달라는 주문을 받았다. 그는 협의 없이는 작업을 제대로 할 수 없다고 생각했다. 즉 고객(이 경우는 여성들과 관리자들)에게 그들이 무엇을 원하는지 물어 보아야 한다고 생각했다. 그는 그들이 요구하는 것에 대한 감을 잡기 위해 워크숍 프로세스를 사용했다. 여성들은 이미 오래된 보호소에서 생활해보았기 때문에, 새 보호소에 무엇이 필요할지 아이디어를 가지고 있었다. 번즈는 그들을 모두 모아 놓고 새 건물이 어떤 모습일지 상상해보라고 했다. 그런 다음 그들의 답을 들었다. 번즈는 그들에게 대답을 요점별로 모으고 보호소에 바라는 특징을 표현하는 제목을 붙이게 했다. 그 후 번즈는 사무실로 돌아가 워크숍의 결과를 기초로 설계도를 그렸다.

며칠 후 여성들을 다시 불러 모아 설계도를 보여주었다. 그리고 두세 명씩 짝짓게 한 뒤 두 가지 질문을 했다.
  1. 설계도에서 유지되기 바라는 것은 무엇인가?
  2. 설계도에서 부족한 것은 무엇인가?

번즈는 카드에 그들의 응답을 적어와 달라고 요청했다. 그룹이 다시 모였을 때, 번즈는 각 질문 아래 응답 카드를 종류별로 놓고 이름을 붙였다. 그리고는 그 응답을 기초로 해서 그룹의 요구에 맞는 설계를 다시 완성했다. 컨센서스 워크숍 기법은 사용자인 여성들과 아이들의 요구에 가장 잘 부합하는 건물 설계라는 문제 해결에 도움이 되었다.

때때로 일련의 컨센서스 워크숍은 필연적인 합의 도출을 요구한다. ICA 퍼실리테이터 빌 스테이플스는 그런 상황에 대한 보고서를 썼다. 뉴브런즈윅New Brunswick 주의 새로 합병된 도시 미러미시Miramichi는 격심한 변화를 겪고 있었다. 지역사회의 합병은 그 지역의 미래에 대한 진지한 대화를 촉구했다. 캐나다 군 기지의 폐쇄는 실업률을 높은 수준으로 끌어올렸다. 신도시는 주변 농촌 지역과의 경쟁을 원하지 않았고, 그래서 의회 운영위원회에 권한을 위임하여 지역 경제 발전 프로세스에 착수하도록 했다.

위원회는 도시 지역과 농촌 지역이 상반된 목적을 가지고 일하지 않도록 하기 위해 ICA가 주변 지역들과 협의하기를 원했다. 모두가 동일한 계획 하에 협력하기 위해서는 필연적으로 광범위한 합의를 도출해야 했다. 분명한 점은 그 지역을 위한 전략적 경제 개발 계획이 포괄적이어야 하고 농촌 지역의 참여를 포함해야 한다는 것이었다.

빌과 그의 동료들은 그 지역의 중심지와 작은 마을에 이르기까지 각기 24개 지구에 지역 포럼을 조직했다. 각각의 소규모 지역포럼에서는 비전 컨센서스 워크숍, 도전 컨센서스 워크숍, 전략 컨센서스 워크숍이 실시되었다. 각 지역포럼의 계획은 문서로 작성되었고, 그 문서와 함께 각 지역포럼의 일부 참여자들이 본부로 소집되었다.

그 다음 각 지역포럼의 대표자들이 의회 운영위원회와 함께 모여 24개 지역포럼의 성과를 검토했다. 약 140명으로 구성된 전 지역 총회는 제안된 전략마다 하나씩, 총 17개의 실행 계획을 세웠고, 실행 팀의 구성원에 대한 권고안도 마련했다.

모든 회의에는 총 600명 이상의 주민들이 참여했는데, 그들은 필요한 일에 자신의 아이디어를 제공할 수 있어 기뻐했다. 뉴브런즈윅의 차기 주지사 프랭크 맥캔너Frank McKenna는 140인 총회에 참석하여 이를 실행할 것을 공약했고, 이 전 과정을 '역동적인 민주주의의 훌륭한 모범'이라고 평가했다.

개인 리서치

내친김에 워크숍 기법이 개인 리서치에도 유용할 수 있다는 점을 언급해야겠다. 이 방법에 대해 들어본 적 없던 내 친구가 석사논문을 쓰기 위해 어떤 과정을 거쳤는지 말해주었다.

나는 책, 정기간행물, 사례연구 등을 통해 주제를 철저히 연구했어. 주제와 관련된 모든 단일 항목을 가로 20cm, 세로 12cm 카드에 적었지. 각 카드에 주제를 표시했고 뒤쪽에 아이디어 출처를 기입했어. 수백 장의 카드가 모였어. 논문을 작성할 시기가 되었을 때, 나는 주제에 따라 카드를 분류하는 데만 이틀 낮 시간을 보냈지. 각 주제마다 다른 카드 더미를 만들었는데, 모두 10개의 더미들이 되었어. 각각에 이름을 붙였고, 그 이름이 각 장의 제목이 되었지. 그 다음 더미들을 각 장의 세부 절로 분류하고 배열했어. 그리고는 서문 더미를 가져다가 연관되어 있는 카드를 기초로 곧장 써내려가기 시작했지. 다른 장도 똑같은 방식으로 했어. 결국 내 논문은 아주 높은 평가를 받았어.

나는 그가 데이터를 수집하고 체계화한 방법이 바로 컨센서스 워크숍 기법이라고 알려주었다. 그는 매우 놀라워했다. 워크숍은 다른 무엇이기 이전에 삶의 방식이다. 그것은 본래 인간의 정신이 작동하는 방식이며, 따라서 전혀 놀라운 일이 아니다. 아이디어를 목록으로 만들고 조직화하고 배열하는 것은 우리가 편지든 논문이든 책이든 글을 쓰는 일에 아주 효과적이다.

그림1. 본 워크숍에서는 카드를 활용할 것이다. 상단에 초점 질문Focus Question이 적힌 종이와 카드, 마커가 준비물로 필요하다.

그림2. 뉴스레터 편집자가 정기 뉴스레터 간행을 위해 필요한 것을 브레인스토밍 한 것이다.

그림3. 편집자는 정기 뉴스레터 간행을 위해 필요한 행동들을 다섯 가지 영역으로 분류하여 이름지었다.

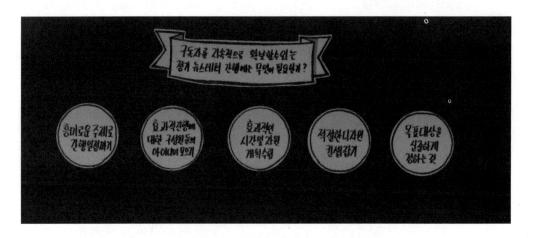

그룹 리서치

ICA 캐나다는 몇 해 전, 사회 트렌드에 대한 참여 리서치를 수행했다. "오늘날 핵심 트렌드는 무엇인가?"라는 질문이 캐나다 전역의 동료들에게 9개월에 걸쳐 보내졌다. 질문은 이메일을 통해 전달됐고 게시판과 온라인 컨퍼런스에 등장했다. 또한 디너파티에서도 질문이 오갔고, 연례총회를 포함한 ICA 캐나다 멤버들의 몇 차례 회의에서 워크숍으로 다루어졌다. 천여 개 이상의 데이터가 수집되었다. ICA 연례총회에서 두세 명씩 팀을 이룬 참석자들은 배포된 데이터 카드를 분류하고 이름을 붙였다. 그들은 큰 카드에 분류된 군집의 이름을 썼다. 퍼실리테이터는 카드를 분류하고 이름을 붙이는 동안 회의 전체를 이끌었다. 그 결과는 데이터베이스가 되었고, 문서화되어 참석자들에게 배포되었다. 최종 문서에는 「21세기 신호 21가지21 Smoke Signals for Century XXI」라는 제목이 붙었다.

지금까지의 내용은 '워크숍 프로세스의 실용성에 대한 다소 광범위하고 복잡한 사례들을 담고 있다. 그러나 15개 이상의 응답을 가져올 수 있는 질문이 어떤 것이든지 컨센서스 워크숍의 주제가 될 수 있음을 알 필요가 있다. 예를 들면,

- 멋진 휴가의 특성은 무엇인가?
- 새 집을 구할 때 유념해야 할 요소는 무엇인가?
- 이상적인 배우자의 요건은 무엇인가?
- 효율적인 팀워크의 핵심은 무엇인가?

(부록2 참고)

워크숍을 이용한 더욱 야심찬 두 번째 리서치 사례는 협력적 독서 연구 프로젝트 Corporate Reading Research Project였다. 이것은 수많은 사람이 공간적으로 흩어진 채 특정 문제 영역에 대한 순수한 연구를 함께 할 수 있는 구조였다. 프로젝트의 당면한 목표는 다음 해의 연구 컨퍼런스를 위한 데이터를 마련하는 것이었다. 구체적인 목적은 사회가 어떻게 작동하는지에 대한 다차원적 모형을 수립하기 위해 중심 데이터베이스를 구축하는 것이었다.

그 기획에 따라, 당시 소집된 연구소 인원 400여 명은 그 해 3개월의 기간 동안 사회의 흐름과 관련된 책을 한 달에 두 권씩 개별적으로 '검토'했다. 각 도서의 검토 내용은 공통된 형식으로 보고되었고, 약 1,000권의 책이 검토되었다. 그 중 최소 500권이 최종 결과물에 실질적인 의미를 갖게 될 것으로 예상했다. 이 책들에서 나온 데이터를 가지고, 연구 팀은 카드에서 범주를 추출해내고 삼각형 세트에 카드 더미를 만들었다. 최종적으로, 현재 사회적 과정의 삼각형 Social Process Triangles이라 불리는 결과물을 만들어냈다.

이것은 (과학적 실험이라기보다는) 과학적 조사의 한 예다. 엄청난 양의 증거가 모여

이전에는 총체적으로 본 적 없는 보다 큰 패턴을 인식할 수 있게 되는 것이다.

14장에 컨센서스 워크숍 기법의 다양한 적용사례가 나와 있지만, 결국 다음 네 가지 유형에 속하게 된다.
- 계획하기
- 문제 해결
- 리서치
- 의사 결정

아마도 지금쯤 당신은 이런 궁금증이 생길 것이다. "이 방법은 어디서 비롯되었을까?"

2장. 컨센서스 워크숍 기법의 배경

초인적 투쟁에 인간의 존재 의미를 부여하는 단계로 도약하라.

니코스 카잔차키스Nikos Kazantsakis

ICA의 그룹 퍼실리테이션 과정 참가자들은 다소 흥분된 목소리로 종종 묻곤 한다. "이 기법은 어디서 비롯된 겁니까?" 이 장은 열정적으로 그 근원을 알고자 하는 이들을 위한 것이다.

컨센서스 워크숍의 발전 과정은 유기적인 방식으로 진행되었다. ICA 직원들이 함께 문제를 해결하는 동안 이 기법의 기본적 형태가 잦춰졌다.

기법의 발전

나는 1961년 경 호주에서 교사 연수 과정을 받고 있던 중에 처음 브레인스토밍을 접하게 되었다. 최근 미국으로 연수를 다녀온 강사가 우리에게 브레인스토밍을 소개했던 것이다. 그는 우리에게 질문을 던지더니 아이디어가 떠오르는 대로 큰 소리로 답하라고 했다. 강사는 그 말들을 플립차트에 받아 적었다. 우리는 스스로를 억제하지 말라는 얘기를 들었고 어떤 아이디어도 비판받지 않을 것이라는 조언도 받았다. 그래서 우리는 아무 거리낌 없이 아이디어들을 자유롭게 쏟아놓았다. 우리는 더 나아가 다른 참가자의 아이디어를 확장하라는 얘기도 들었다. 이후의 분석을 위해 가능한 한 많은 아이디어를 얻는 것이 목적이었다.

그 자리에 상당히 많은 외침이 이어졌던 것으로 기억한다. 퍼실리테이터는 수많은 아이디어를 겨우 받아 적었다(당연히 전부는 아니다). 마지막에 이르러, 우리는 우리들이 쏟아놓은 그 모든 아이디어에 놀라지 않을 수 없었다. 우리는 그들이 나중에 아이디어들을 분석할 것이라고 들었다.

그 당시 이 방법은 매우 참신한 아이디어였지만 결론에 이르지는 못했다. 나는 좋은 인상을 받지 못했다. 브레인스토밍은 많기만 하고 '아무 의미 없는 소음과 열광' 같았다. 나는 '나중에 분석할 것'이라는 말을 듣고 어떻게 될 지 짐작했다. 그 때는 아직 아이디어들을 통합할 방법이 없었다. 기법은 흥미로웠지만 별다른 효과가 없었다. 통합은 나중에 이루어졌다.

알렉스 오스본의 '브레인스토밍'

내가 인터넷으로 조사해 본 결과, 워크숍 기법에 속하는 브레인스토밍이 창안되게 된 배경 중 하나는 광고회사 중역이었던 알렉스 오스본Alex Osborn이다. 오스본은 1941년 상투적인 업무회의가 새로운 아이디어의 창조를 방해한다는 사실을 깨닫고 아이디어 자극에 도움이 되도록 고안된 몇 가지 규칙을 제안했다. 그는 사람들에게 생각과 행동의 자유를 부여하여 새로운 아이디어를 떠올리고 드러낼 수 있게 하는 규칙을 찾고 있었다. 그가 개발한 방식을 설명하기 위해 사용한 표현은 원래 '생각해내기think up'였지만, 후에 '브레인스토밍'으로 알려지게 되었다. 그가 설명한 브레인스토밍은 '그룹이 구성원들의 자발적인 아이디어를 모두 모아 특정 문제에 대한 해결책을 찾는 회의 기법'이었다. 그가 제안한 규칙들은 다음과 같다.

- 아이디어에 대한 비판 금지
- 많은 양의 아이디어 추구
- 다른 이의 아이디어를 확장

· 다듬어지지 않고 과장된 아이디어 장려

　그는 이런 규칙들을 추구할 때 더 많은 아이디어가 창안된다는 점과, 초기 아이디어가 많을수록 양질의 유용한 아이디어를 발생시킨다는 점을 알아냈다. 양이 질을 만드는 것이다.

　이 새로운 규칙을 적용하면 사람들의 자기 억제가 줄어들었다. 자기 억제는 남들이 '틀렸다'거나 '어리석다'고 지적할 듯한 아이디어의 제안을 스스로 가로막게 되는 원인이다. 또한 오스본은 '우스꽝스러운' 아이디어가 사람들의 사고방식에 변화를 주기 때문에 매우 유용한 아이디어를 떠올리게 할 수 있다는 것도 발견했다.

　이 독창적 기법의 개발은 당시에 혁명적으로 간주되었고, 1941년 탄생한 이후 전 세계로 퍼져나갔다. 알렉스 오스본의 「독창력을 신장하라Applied Imagination」에서 그의 독창적인 접근법을 볼 수 있다.

델파이 기법

　또 다른 배경은 1950년대 랜드연구소Rand Corporation 소속의 과학자였던 올라프 헬머Olaf Helmer와 노먼 달키Norman Dalkey가 개발한, 델파이 기법Delphi Process이라 할 수 있다. 이 기법은 미래를 예측하기 위해 반복적으로 합의를 구축하는 과정으로 사용되었다. 델파이 기법은 다음과 같이 전개된다.
　1. 각 구성원은 문제나 쟁점의 처리 방식에 대한 의견과 제안을 각자 익명으로 작성한다.
　2. 아이디어를 수집, 복사하고 구성원들에게 배포하여 논평과 반응을 구한다.

3. 각 구성원은 각각의 의견과 제안된 해결책에 관하여 그룹 전체에 피드백을 제공한다.

4. 구성원들은 그룹 전체에 수용 가능성이 가장 높은 해결책이 무엇인지에 대한 합의에 도달한다.

이것은 오스본의 방식과 유사하지만 두 가지 차이점이 있다. 첫째, 참여자들에게 아이디어를 생각할 시간을 준다. 둘째, 결과에 이르기까지 어느 정도 과정이 있고 그 과정에서 합의가 도출된다.

ICA의 공헌

ICA는 게슈탈트 심리학에 관한 장 피아제Jean Piaget의 저술에서 가져온 게슈탈트 (gestalt, 형태)라는 개념을 도입하여 브레인스토밍 기법을 크게 바꾸었다. ICA는 당시 교육 이론에 대한 피아제의 공헌을 주제로 피아제를 연구하고 있었다. 독일어 단어인 게슈탈트는 여러 부분을 가지고 전체 패턴을 구성하고 조직하는 것을 의미한다. 게슈탈트 심리학에 따르면, 이미지는 별개의 구성 요소의 단순한 합이기보다는 패턴이나 전체로 인식된다. 게슈탈트는 인간의 정신이 통합, 조직, 협력을 추구하는 경향이 있다는 점을 강조한다.

ICA는 게슈탈트를 컨센서스 워크숍 기법의 세 번째 단계에 적용했다. 현재는 게슈탈트라는 단어가 대부분의 사람들에게 생소하기 때문에 사용을 꺼리는 편이다. 그 대신 분류하기와 이름짓기라는 용어를 사용한다. 하지만 지금도 게슈탈트가 사용되고 있는 셈이다. 사람들 앞에 10~20장의 카드로 이루어진 범주가 있다고 해보자. 우리는 게슈탈트 법칙을 이용하여 카드 범주로부터 새로운 창조물이 서서히 드러나게 할 수 있다. 이 과정에는 이성적인 면과 직관적 면이 공존한다. 워크숍 기법에 게슈탈트를 도입한 것은 포드의 모델-T 차량에 포뮬러-1 엔진을 장착한 것과 같았다. 이를 통해 참여자들은 자신만의 브레인스토밍을 이해하게 되었다. 더이상 자신이 브레인스토밍한 결과를 다른 사람에게 주어 없어지게 하거나 다른 사람을 대신하여 브레인스토밍 하지 않게 되었다. 컨센서스 워크숍은 합의를 만들어내는 강력한 수단이 되었다.

ICA는 1960년대에 컨센서스 워크숍을 표준 기법으로 활용하기 시작했다. 1960년대 후반에서 70년대 초반에 ICA가 전 세계로 퍼져나갈 때, 워크숍은 표준적인 문제 해결 수단이었다. 그 당시에 이르러 맥락을 잡아가는 단계에 도달하게 된 것이다.

1970년대 중반, ICA가 기업들과 함께 일하기 시작했을 때, ICA는 LENS(Living Effectively in the New Society) 코스라는 비즈니스 세미나에 컨센서스 워크숍 기법을 적용했다. 이 코스는 비전, 장애요소, 제안, 전략의 4단계로 이루어진 일련의 컨센서스 워크숍으로서 기업에 글로벌 책임감을 촉진하는 것을 목표로 삼았다. 70년대 후반, 이 기법은 저개발 국가의 지역사회 컨설팅을 위한 도구로 채택되었다.

1980년대 중반, ICA는 워크숍과 계획 수립기법에 대한 교육 과정을 개발했다. 미래의 퍼실리테이터에게 기법을 전수하기 위해 점차 이 과정은 세계적으로 확대되었다. 컨센서스 워크숍에 대한 '완성판' 논문은 1971년에 작성되었지만, 워크숍의 기술은 현장 경험을 통해 계속 발전되었다. 최근에는 기법의 다섯 번째 단계의 이름을 '합의'나 '성찰'보다는 '다짐하기'[5]라고 하는 추세다.

---

5) 원문에서는 컨센서스 워크숍의 다섯 번째 단계의 이름이 Resolve로 되어 있다. 역자는 이 문장에서는 Resolve의 원래 뜻인 '다짐하기'로 번역하였으나, '다짐하기'가 이 단계에서 실시되는 활동 모두를 아우르기에는 부족한 것 같아 이 책의 나머지 부분에서는 보다 포괄적인 '마무리하기'로 번역하였다. 역주

기법의 독특성

얼마 전, ICA에서 훈련받은 퍼실리테이터 그룹에게 "컨센서스 워크숍 기법의 독특성은 무엇인가?"라는 초점 질문에 답하도록 했다. 그 후 워크숍 프로세스를 이용하여 그들의 답을 종류별로 모아, 이름을 붙이고 기록했다. 다음은 그들이 말한 내용이다.

컨센서스 워크숍은 보편적인 인간접근법이다.

이 기법은 어떠한 관리 시스템이든, 어느 수준의 기술이든, 언제 어디서건 통한다. 아프리카 오지 마을이든 포춘 500대 기업이든 말이다. 이 기법은 옳고 그름, 좋고 나쁨이라는 이원론에 기초하지 않는다. 과정에 개방적인 탐구를 정착시킨다. 그 탐구는 진가를 평가할 줄 안다. 즉 현실의 장점을 인정하는 것이다. 이 기법은 대부분 그룹의 활동요건에 적합한 가치기준을 가지고 있다. 참여자들의 실제 투쟁과 희망을 긍정하고 존중한다. 상황에 도구상자를 적용하기보다는 현실에 귀를 기울이고 연구하는 통합적 접근법이다.

컨센서스 워크숍은 변화하려는 의도와 그 결과를 갖는다.

워크숍 기법은 고도의 방법적 장치를 능가하여 변화를 의도한다. 이 기법은 참여자들이 개별화된 관점을 벗어버리고, 워크숍의 새로운 통찰과 통합의 도움으로 스스로를 성장시키게 한다. 사람들이 개개인의 관점과 경험을 존중하고 이해하게 한다. 자신의 아이디어와 타인의 아이디어 사이의 관계를 볼 수 있게 한다. 이 기법은 사람들의 생각을 열어주고 넓혀주어, 모든 이들이 쉽게 현실에 대한 다양한 시각을 가지게 해준다. 이렇게 의욕을 북돋아주는 접근법은 삶에 대한 참여자들의 시각에 깊은 변화를 가져온다. 그룹은 서로에게 귀기울이고 분노와 초조함에서 벗어나 함께 지혜를 모으면서 미래를 위한 의사 결정과 모형 구축을 향하게 된다. 기법에 내포된 주도성은 그룹에게 주도성과 헌신을 불어넣는다. 논쟁과 방어적 관점을 벗어난 기법은 참여자들로 하여금 더 큰 해결에 기여하게 하며, 서로의 관계를 주인공에서 공동 창조자로 변화시킨다.

컨센서스 워크숍은 투명하고 인간적인 기법이다.

이 접근법에는 내용이 없다. 내용은 그룹이 채워간다. 이 기법은 그룹의 이해관계와 관심사를 지지하고 보호하지만, 그룹의 필요에만 작용하지는 않는다. 이 접근법은 분석과 통합을 같이 하지만 통합에 기운 편이다. 워크숍 기법의 활용은 현실에 기반을 두면서도 유연하다. 그것은 인간의 정신이 작동하는 방식의 확장이다. 퍼실리테이터는 프로세스에 대해 투명하고 중립적이다. 워크숍은 전문가가 아니라 행동하는 팀을 장려한다. 이 기법은 화려하지 않지만 효과적이며, 부단한 결과를 낳고, 고도의 윤리 기준을 가지고 작동한다.

컨센서스 워크숍은 그룹 및 그룹의 지혜를 매우 존중한다.

이 기법은 그룹과 그 구성원에 대한 높은 수준의 존중을 내포한다. 이 기법을 경험한 참여자들은 "우리는 이런 식으로 계획을 세워본 적이 없어요. 이처럼 존중받아본 적도 없었어요."라는 말을 한다. 여러 측면을 가진 접근법은 그룹의 역학에 대한 통합적 이해에 바탕을 두며, 그룹이 어떻게 생각하는지를 이해한다. 그룹을 조종하려 하지 않는다. 그리고 모든 참여자에게 지혜가 있다는 점을 인정한다. 이 기법은 근본적인 참여를 유도한다. 모든 의견이 인정받고 존중받고 수용된다. 워크숍에서 그룹의 이해관계를 보호하고 탐구한다. 그룹은 과정을 통해 진정한 한계를 분명히 알게 되고, 그 안에서 창의성을 발휘할 수 있게 된다. 워크숍의 총괄적인 합의 구축으로 인해 그룹은 결정 사항에 관련된 의식이 매우 높아진다.

기법의 영향

몇 년 전 온타리오Ontario 주 티민스Timmins의 노던 칼리지Northern College에서 일주일 간 ToP 기법 교육에 참가한 학생들에게 질문을 던졌다. 그들은 질문에 대한 답을 구하기 위해 브레인스토밍을 하고 데이터를 모으고 제목을 붙인 다음 문서화했다. 다음은 참여적 기법의 효과에 대해 그들이 말한 내용이다. 아마도 효과는 기법의 독특성에도 해당할 것이다.

컨센서스 워크숍은 힘의 불균형을 치유할 수 있다.

이 기법은 이해당사자들 사이의 벽을 허문다. 이는 내면의 분열적이고 부정적인 초점으로부터 미래를 향한 조화롭고 긍정적인 초점으로 이동할 수 있게 한다. 사람들은 ToP 워크숍을 경험하면서, 자신의 주장을 방어하는 것에서 벗어나 그룹 공통의 초점을 개발하기 위해 나아간다. 워크숍은 장기적인 갈등도 치유한다고 알려져 왔다.

컨센서스 기법은 힘의 공유를 가능하게 한다.

이 기법을 통해 사람들은 서로에게 정말로 귀를 기울일 수 있게 된다. 사람들은 동등하게 테이블에 모이고 테이블 중심에 집약된 힘을 경험한다. 사람들이 가정으로 돌아가서 이 프로세스를 활용한다면, 지역사회에도 간접적인 영향을 미칠 것이다.

자원의 효율적 이용을 증가시킨다.

컨센서스 워크숍을 활용하면, 회의에서 결정이 내려지고 빠르게 결과물이 산출되며 회의가 제 시간에 끝나게 된다. 이 기법은 끝없는 계획수립의 순환을 멈추게 하고, 계획과 실행을 결합한다. 더 현실적으로, 워크숍 기법은 조직 내에서 업무 진행 자금 지원을 받기 위한 신뢰성을 쌓는 데 도움이 된다. 또한 구매 과정에서 고객 실수를 줄이고, 기업에서 생산과 서비스 관련 비용을 감소시키는 것으로 알려져 있다.

진전을 위한 구조화된 프로세스를 제공한다.

그룹에 대한 개인의 공헌을 알 수 있는 방법이 없으면, 개인은 그룹을 신뢰하지 않게 되기 때문에 정보를 조사하는 일이 자주 생긴다. 흔히 이용되는 프로세스는 이해보다는 혼란을 더 가중시키는 아이디어 범벅을 만드는 경우가 있다. 컨센서스 워크숍 기법은 참여자들의 정보를 한데 모아 정보가 풍부한 더 큰 패턴을 이룰 수 있다. 또한 조직 내에서 이루어지고 있는 진행 상황을 알 수 있는 포럼을 제공한다. 강력한 초점 질문은 문제 해결의 성공 기회를 증가시키고, 분명한 기법 구조는 그룹 붕괴의 가능성을 넘어서서 '열띤' 토론으로 이끈다. '열기'는 창의적인 합의를 일구는 빛으로 이어진다.

양질의 성과물을 도출한다.

컨센서스 워크숍 기법은 말이 많은 사람이든 말수가 적은 사람이든 상관없이 양질의 헌신적이고 만족스러운 결과를 확실히 이끌어 낸다는 평판을 받고 있다. 워크숍을 통해 이루어진 결정은 더 효율적이고, 목표가 분명하며, 헌신적인 참여를 유도한다.

그룹에게 위험을 감수할 용기를 부여한다.

컨센서스 워크숍은 그룹을 끌어들인다. 각종 문화 사이에 다리가 놓이고 상이한 관점들을 인정받게 된다. 프로세스가 심화되면서 깊은 수준의 갈등이 드러난다. 무언가 새로운 일을 할 수 있는 용기가 그룹에서 다시 살아난다. 그 용기는 잠재력과 창의성을 촉발시키는 선구자다. 그런 환경에서 지혜가 나타난다. 그것은 깊이 있고 풍부한 미지의 지식을 이끌어내며, 그를 통해 그룹은 '할 수 있다'는 확신을 얻는다.

과정과 결과에 대한 신뢰와 헌신이 지속된다.

컨센서스 워크숍 접근법에서, 퍼실리테이터가 아무런 판단 없이 모든 참여자의 답을 인정하고 긍정하는 방식은 참여를 매우 강화시킨다. 프로세스에서 경쟁은 사라진다. 그룹은 문제와 해결을 모두 소유하게 되고 자유롭게 그룹의 합의를 발전시킨다. 부차적으로 개인과 공동체 및 조직의 성장 사이의 관계를 이해하게 된다.

개인의 변화를 위한 자유를 부여한다.

그룹이 워크숍을 경험함으로써 얻을 수 있는 부가적인 측면은 성장과 발전을 향한 개방성에 있다. 참여자들은 개인의 발전과 대인관계 성장의 영역이 객관화되는 것을 다소 경험한다. 또한 지성적 그리고 감성적 수준에서 개인적 변화를 체험한다. 그룹이 절망에서 희망으로 나아가 불빛을 밝히는 것을 목격할 수 있다. 하지만 그 무엇보다, 현 상황을 개선하기 위한 헌신적인 참여가 증가한다.

지금까지 모든 내용을 꼼꼼히 읽었다면, 당신은 이제 기법 그 속으로 들어갈 준비가 끝났다.

3장. 삶의 방식인 컨센서스 워크숍

주된 문제는 참여시킬 것인가가 아니라, 어떻게 참여시킬 것인가이다.

로라 스펜서(Laura Spencer)

ICA/ToP 기법

ICA는 더 나은 워크숍을 수행하기 위해, 수년에 걸쳐 연구 기법, 훈련 기법, 조직 및 지역사회 기법 등 여러 기법의 혼합물을 만들었다. 그 기법의 몇 가지 예를 들면 다음과 같다.

그룹 기법
· 그룹의 대화를 위한 집중 대화 기법
· 그룹의 계획과 합의 도출을 위한 워크숍 방법
· 조직의 장기 계획수립을 위한 전략기획 방법
· 회의를 설계하고 이끌기 위한 방법
· 연구 방법
· 개별 연구를 위한 도표 작성
· 그룹 연구를 위한 세미나 방법
· 프리젠테이션의 준비와 발표를 위한 프리젠테이션 방법
· 계획 훈련 및 교육 프로그램을 위한 커리큘럼 수립 방법
· 그룹의 문서 작성을 위한 공동 저술 방법

지역사회 기법

· 지역사회나 조직의 역사를 되짚어 보기 위한 역사의 분석

· 시대의 핵심 변화 분석을 위한 트렌드 분석

· 지역사회 분야별 이미지 제공을 위한 지역사회 분석

개인 성장 기법

· 매일의 성찰

· 일기 쓰기

· 단계적 성찰

· 정신적 대화

네 가지 공통 단계

이 모든 기법은 동일한 단계적 패턴에 따라 성립되었기 때문에 동일한 네 가지 수준을 포함한다.

패턴의 네 단계는 다음과 같이 진행된다.

1단계는 삶의 객관적인 요소를 다룬다. 현재 상황, 직면한 문제, 경험적 사실에 입각한 데이터, 상황의 매개변수, 내적·외적 관찰 가능 데이터 등이다. 집중 대화 기법은 이 단계를 객관적Objective 단계라 하고, 워크숍 기법은 브레인스토밍(아이디어 내기, Brainstorming)이라 칭한다.

2단계는 1단계 내용의 내적 관계를 지각하는 것이다. 내적 반응, 최초의 직관적 반응, 감성적 상태나 분위기, 감정, 기억과 연상, 예지감 등을 망라한다. 이것은 데이터에 대한

제 2의 '해석'이다. 집중 대화 기법은 이를 성찰Reflective이라 칭하고, 워크숍 기법에서는 아이디어의 연합, 즉 분류하기Clustering라 한다.

3단계는 1단계와 2단계의 데이터와 관련된다. 두 단계의 데이터를 가려내어 의미와 통찰과 배움을 위한 단서를 구한다. 개인이나 그룹에 대한 데이터의 중요성과 관계된다. 집중 대화 기법에서는 해석Interpretive이라 하고, 워크숍 기법에서는 데이터 범주의 이름짓기Naming라 한다.

4단계는 앞선 세 단계로부터 데이터를 모아 미래를 향해 투사한다. 데이터에서 나오는 새로운 방향이나 시사점을 산출하는 것이다. 대체로 합의, 결정, 실행, 행동 등을 언급하는 과정이며, '그래서?'에 해당하는 단계다. 집중 대화 기법에서는 결정Decisional단계라 하고, 컨센서스 워크숍 기법에서는 마무리하기Resolving 단계라 칭한다.

ICA 기법을 대할 때, 단계적 4단계 프로세스를 특정 기법의 고유한 단계들과 구별하는 것은 언제나 중요하다. 4단계 패턴은 무수한 형태를 취하기 때문에 거기에서 특정 기법을 알아볼 수 없을 것이다. 컨설턴트는 다음의 질문을 던질 수 있다.

1. 지금 상황을 어떻게 설명할까요?
2. 사람들은 그 상황에 어떻게 반응하나요?
3. 우리에게 어떤 선택이 가능한가요?
4. 우리는 무엇을 해야 하나요?

또는 이런 식이다.

1. 우리가 직면한 문제는 무엇인가요?
2. 어떤 경험이 생각나나요?
3. 이 문제를 해결하기 위해 어떤 접근법을 취할 수 있나요?
4. 첫 단계는 무엇일까요? 누가 그 단계를 책임져야 할까요?

또는 이런 질문들이다.

1. 이 팀이 정말 만들고자 하는 것은 무엇인가요?

2. 무엇이 그 비전을 방해하고 있나요?

3. 어떤 전략이 비전의 방해물을 제거할까요?

4. 그 전략을 실행하기 위해 어떤 특정한 활동이 필요한가요?

이러한 질문들은 모두 동일한 원형을 따른다.

그렇다면, 컨센서스 워크숍 기법의 단계들은 무엇일까? 이어지는 내용은 기법에 대한 매우 광범위한 설명이다. 더욱 자세한 설명은 다음 장에서부터 이어질 것이다.

기법의 실행 사례

십여 명의 사람들이 태평양 무인도에 고립된 상황을 상상하고, 잠시 생존자의 심리상태가 되어보자. 비행정이 암초에 불시착했다. 사람들은 잔해에서 기어 나와 헤엄치거나 서로를 도와가며 바닷가에 이르고, 긁힌 상처 외에 별다른 부상이 없는 자신들의 모습을 확인한다. 당신은 책임을 지고 리더 역할을 하기로 결정한다. 당신은 무엇을 하는가? 장군처럼 버티고 서서 명령을 내리기 시작할 수도 있다. 이는 아마 그룹의 불평을 사게 될 것이다. "도대체 자기가 뭐라고 저러지?", "뭐가 최선이라는 거야?" 그런데 그들이 옳다.

독불장군식의 대안은 워크숍을 통해 그룹을 이끄는 것이다.

1단계: 도입하기

당신은 사람들을 불러 모아 주위에 둘러앉게 한 다음 이렇게 말한다. "여러분, 우리는 곤경에 처했습니다. 우리는 이 섬에 함께 있고, 빠져나갈 길은 보이지 않습니다. 모두가 한 팀으로 협력하면 여기서 살아남을 수 있습니다. 누구도 우리가 여기에 있는지 모르기 때문에, 우리는 우리 스스로의 힘으로 버텨야 하고, 여기에 얼마동안 있게 될지도 추정해봐야 할 겁니다. 이 상황을 한탄하는 것은 아무 소용없습니다. 우리는 대처 방안을 생각해내야 합니다. 그 일을 모두 함께 해야 합니다. 우리 중 남에게 기댈 사람은 없습니다. 그러니 우리가 무엇을 해야 할지 생각해봅시다. 저는 우리가 한 그룹으로 생존하기 위해 해야 할 일을 모두가 두세 가지 정도 생각해내기 바랍니다."

이 단계는 5장에서 더 상세히 다루어진다.

2단계: 브레인스토밍(아이디어 내기)

사람들은 각자 브레인스토밍을 한다. 리더가 말한다. "잠시 시간을 갖고 생각해보세요. 그런 다음 저는 우리가 한 말을 모래사장 위에 간단히 기록하겠습니다." 당신은 3분쯤 기다리고 나서 말한다. "좋아요. 우리가 생각해 낸 것이 뭔지 들어봅시다. 엘리자부터 차례로 말해 보죠. 엘리자, 우리가 취해야 할 조치가 무엇인가요?"

대답이 나오면 모래사장 위에 하나씩 받아 적는다. 다음은 그룹이 브레인스토밍을 한 내용이다.

1. 섬 탐사하기
2. 식수 찾기
3. 식량 찾기
4. 나무 열매 확인하기
5. 쓸 만한 물건 찾아 비행기 잔해 조사하기

6. 비행기 주변에 흩어진 수화물 찾아보기

7. 조난신호용 불 피우기

8. 주거지를 만들 수 있는 장소 찾기

9. 공동의 자원 목록 만들기

10. 할당해야 할 일상적인 일의 목록 만들기

11. 섬 지도를 그릴 계획 세우기

12. 계속해서 우리의 기운을 북돋아주기

문득 사람들은 자신이 생각한 것보다 할 일이 더 많다는 것을 깨닫게 된다.

이 단계는 6장에서 더 상세히 다루어진다.

3단계: 아이디어 분류하기

그 다음 당신은 목록을 그룹에게 큰 소리로 읽어주고 묻는다. "그럼, 우리가 여기서 얻은 것은 무엇이죠? 어떤 실마리가 있나요?"

누군가 탐사에 관한 항목들이 있다고 말한다. 또 누군가가 말한다. "두 종류의 탐사가 있어요. 잔해 지역과 섬 말이에요.", "물과 식량 찾기요."라고 하는 사람도 있다. "불 피우기와 주거지 만들기가 연관되어 있어요." 한 남자가 말한다. "자원 목록 만들기와 할당하기, 기운 북돋아주기는 일상생활에 관한 일이에요."

이 단계는 7장에서 더 상세히 다루어진다.

4단계: 분류된 아이디어 이름짓기

당신은 말한다. "여러분, 분류된 아이디어가 네 가지인 것 같습니다. 1. 탐사, 2. 식량과 물, 3. 불과 주거지, 4. 일상생활, 이렇게 정리 됩니다."

이 단계는 8장에서 더 상세히 다루어진다.

5단계: 마무리하기

당신은 이제 실행 단계에 있다. 그래서 말한다. "큰 그림을 그리는 것이 좋겠습니다. 이제 이 일을 할 팀을 짜야할 겁니다. 누구든 한 팀에는 들어가야 합니다. 누가 탐사 팀에 들어가겠어요? 불과 주거지 팀은요?"

그리고 나서 당신은 계획을 실행할 결의를 다지는 약간의 성찰로 그룹을 이끈다.
- 범주 이름을 다시 들어보세요. 각각에 해당하는 사람은 손을 드세요.
- 각 범주에 해당하는 사람은 자신의 일을 말해주세요.
- 상대적으로 쉽게 할 수 있는 것은 무엇일까요?
- 무엇이 더 힘들까요?
- 이 일들을 하면서 특별히 주의를 기울여야 할 것은 무엇인가요?
- 하루가 끝나갈 때쯤 상황이 어떻게 달라질까요?

당신은 말한다. "시작합시다. 모두 각자 맡은 일을 하러 갔다가 해질 무렵에 이 장소로 돌아와 보고합시다. 각 팀은 점심꺼리로 찾아 둔 바나나를 가져가세요."

이 단계는 9장에서 더 상세히 다루어진다.

이것이 바로 워크숍이다.

컨센서스 워크숍의 다섯 단계

앞에서 보여준 예는 퍼실리테이터의 툴이라기보다는 삶의 방식에 가까운 가장 기초적인 워크숍 방식이다. 여기서는 이 방식의 다섯가지 기본 단계를 가급적 노골적으로 소개하였다. 다음 장에서부터는 각 단계를 구체적이고 세밀하게 다룰 것이다.

1. '도입하기'는 다음 단계를 위한 발판을 마련한다. 그룹이 관심을 갖도록 하고, 워크숍 프로세스와 일정의 윤곽을 잡는다. 결과와 성과를 설명하며, 초점 질문을 강조한다.

2. '아이디어 브레인스토밍'은 그룹으로부터 모든 관련 데이터를 모으고 구성원들 앞에 내놓는다.

3. '아이디어 분류하기'는 아이디어를 분류해 모으고 유사한 데이터 항목들을 모아 범주를 만든다. (그림4)

4. '이름짓기'는 각각의 아이디어 범주에 이름을 붙인다. 큰 범주나 하위 범주가 정해지고 이름이 붙는다. 그 결과는 워크숍에서 나온 모든 아이디어의 관계가 정리된 포괄적인 그림이다.

5. '마무리하기'는 스스로 내린 결정에 대한 그룹의 헌신을 확실히 하고 행동에 옮긴다. 리더는 범주의 이름들을 크게 읽어주고 나서, 집중 대화 질문을 이용하여 워크숍을 성찰하는 토론을 시작한다. 마지막으로 그룹은 다음 단계를 결정하고 워크숍 결과를 어떻게 문서화 할지 정한다. (그림5)

이 기법의 길고 짧음에 대해 물어온다면, 이 장은 기법에 대한 '짧은' 내용을 담고 있다. '긴' 내용은 다음 4장과 2부에서 다룬다.

4장. 컨센서스 워크숍의 두 가지 접근법

퍼실리테이터가 직면하는 문제는 어떻게 그룹 전체를 방으로 불러 모을지, 어떻게 그들이 말한 시스템 전체가 상호의존적으로 돌아가게 할 것인지에 대한 것이다.

피터 셍게Peter Senge

워크숍 기법의 이용에는 두 가지 주요 접근법이 있다. '카드' 접근법과 '플립차트' 접근법이다. '플립차트' 접근법은 원래 3~10명 정도의 소규모 그룹에 이용되는 것이며, 이 장에서 따로 다룰 것이다. '카드' 접근법은 대규모 그룹이나 확대된 프로세스에 이용된다. 또는 개인이나 더 작은 소규모 그룹이 접착식 메모지 등을 써서 이용할 수 있는 방법이다. 유사한 카드들이 가까이 위치하도록 모으는 것은 의미의 패턴을 볼 수 있는 능력을 향상시키는 시각적 단서를 제공한다.

이 프로세스는 수 년 간에 걸쳐 상당히 다듬어져왔다. 최근 퍼실리테이터들은 그룹이 아이디어를 생성하고 처리할 수 있게 하는 일이 기술이자 과학이라는 것을 알아냈다. 이 장에서는 과학적인 측면을 다루고, 이후에는 기술적인 측면을 설명할 것이다.

카드 접근법

왜 카드 접근법을 이용하는가? 로라 스펜서의 말에서 그 답을 찾을 수 있다.

카드 기법은 시간을 절약한다. 참여자들은 리더가 각 항목을 플립차트나 칠판에 쓰는 것을 기다리기보다는 직접 데이터와 아이디어를 동시에 카드에 기록할 수 있다. 카드 기법은 브레인스토밍 데이터를 간편하게 반복적으로 정리할 수 있다. 일반적으로 이 기법은 목록을 나열하는 것과 비교하면 이동 가능한 카드에 적힌 데이터로 아이디어 간의 관계를 더 분명히 볼 수 있는 시야를 제공한다. 게다가 카드 기법은 정리 과정을 용이하게 하고, 데이터 범주에 더 나은 이름을 지을 수 있도록 한다.

워크숍 기법에 5가지 주요 단계가 있다. 첫 번째 단계는 도입하기이다.

1단계: 도입하기는 다음 단계를 위한 발판을 마련한다. 그룹의 관심을 불러 일으킨다. 워크숍의 프로세스와 스케줄의 윤곽을 잡는다. 워크숍의 결과와 성과를 설명하며, 초점 질문을 강조한다.

도입하기 단계에서 퍼실리테이터는

1. 워크숍의 주제를 명시한다.

2. 이 주제가 현재 이 그룹에게 중요한 이유를 말한다.

3. 워크숍 프로세스를 설명한다.

4. 워크숍의 결과를 상세히 설명한다.

5. 결과가 어떻게 이용될지 설명한다.

6. 시간 배분을 명확히 한다.

7. 프로세스의 기본 가정을 세운다.

8. 퍼실리테이터의 역할을 설명한다.

9. 초점 질문을 정의한다.

이를 차례대로 살펴보자.

1. 주제 명시하기

기본적인 명료화에 해당한다. 예를 들어, "오늘 하게 될 것은 비전 워크숍입니다. 향후

5년간 조직에 어떤 일이 생기기를 바라는지 이 워크숍에서 가능한 한 많은 의견을 제시하기 바랍니다."

2. 주제가 중요한 이유 말하기

조직이나 업무에 대한 주제의 중요성을 그룹에게 상기시킨다. 예를 들면, "조직이 합병과 관련된 변화를 겪고 있기 때문에, 조직의 각 파트가 우리 모두에 의해 설정된 공통의 비전을 가지고 일하는 것이 중요합니다."

3. 프로세스 설명하기

워크숍의 다섯 단계를 그룹에게 설명한다. 프로세스를 그림으로 보여주는 것도 도움이 될 것이다. (그림4)

- 도입하기: Context
- 브레인스토밍: Brain storming
- 분류하기: Clustering
- 이름짓기: Naming
- 마무리하기: Resolving

그림4. 이 시점에서 아래 그림을 칠판에 그릴 수도 있고, 장식물처럼 벽에 미리 붙여두었다가 설명해 줄 수도 있다.

퍼실리테이터는 이처럼 말한다. "우선 우리는 각자의 생각을 명료하게 하기 위해 약간의 개인 작업을 할 겁니다. 아이디어를 서로 공유하도록 팀별 작업도 할 겁니다. 여러분이 카드에 아이디어를 적어오면 그것을 벽에 붙인 다음, 이 초점 질문에 대한 답을 찾기 위한 일을 할 겁니다."

4. 결과를 상세히 설명하기

참여자들에게 그들이 목표로 하는 결과의 그림을 제시한다. "이 워크숍을 마칠 때쯤이면 5개년 비전을 담아낸 도표가 마련될 겁니다." 또는 "워크숍 이후에 비전의 각 측면에 대한 보고서를 받게 될 겁니다. 이것은 다른 부서의 비전 보고서와 합쳐져 조직 전체에 대한 통합 비전이 될 겁니다." 라고 말한다.

5. 결과의 활용 설명하기

이것은 중요한 단계다. 워크숍이 구성원 핵심역량 도출에 관한 것이라면, 퍼실리테이터는 이렇게 말할 수 있다. "이 워크숍에서 우리 부서 업무에 대한 핵심역량을 도출할 겁니다. 도출된 핵심역량은 인사관리 부서에서 신규 인력 채용에 활용할 겁니다."

여기서 퍼실리테이터는 참여자들에게 워크숍의 결과를 문서로 받게 된다고 알려준다. 그것은 단지 관리용 문서가 아니며, 사무실 서류함에 처박혀 있을 것도 아니다.

4단계와 5단계는 흔히 한 문장으로 결합된다. 예를 들면, "이 워크숍 후에 여러분의 5개년 비전을 담은 차트가 마련될 것이고, 이는 신규 인력을 채용하는 인사부서에서 활용할 겁니다. 관련 임원은 우리의 의견을 받아들여 의사결정에 반영할 겁니다."

6. 시간 배분하기

리더는 모든 이들에게 사용 가능한 시간을 분명하게 알려야 한다. "이 워크숍을 진행할 수 있는 시간은 2시간 30분입니다. 평소 퇴근하는 시간까지 마칠 수 있도록 합시다."

7. 기본 가정 세우기

리더는 활동의 기본 가정사항을 정하고 명시한다. 이는 워크숍 과정 내내 유지되는 원칙이다. 예를 들면 다음과 같다.
- 모두에게 지혜가 있다.
- 가장 현명한 결과를 얻기 위해서는 모든 이의 지혜가 필요하다.

- 틀린 답은 없다.
- 전체는 부분의 합보다 크다.
- 모두가 듣고 말할 기회를 갖는다.

8. 퍼실리테이터의 역할 설명하기

퍼실리테이터의 임무는 일종의 전문가가 되는 것이 아니라, 프로세스의 진행을 가능하게 하고 방향을 제대로 잡아주며 참여자 사이의 대화를 증진시키는 것이다. 워크숍 리더는 이 점을 아주 분명히 밝혀 둔다.

9. 초점 질문 규정하기

리더는 워크숍의 목적을 말하고, 초점 질문이 어떻게 정해졌는지 설명한다. 워크숍을 시작할 때 모두가 볼 수 있도록 초점 질문을 플립차트에 써서 벽에 걸어 둔다. 그러면 참여자들이 브레인스토밍에 참고할 수 있고, 워크숍 동안 참고 포인트 역할을 한다. 칠판이나 플립차트에 적힌 초점 질문에 동그라미를 그려 강조하는 리더들도 있다.

2단계: 아이디어 브레인스토밍은 그룹으로부터 모든 관련 자료를 모으고 구성원들 앞에 내놓는다.

1. 질문에 대한 확실한 이해

초점 질문의 대상이 아닌 것을 짚어주면 초점 질문을 확실히 이해시킬 수 있다. "우리 팀이 보다 효과적으로 기능하기 위해 우리는 무엇을 할 수 있는가?"라는 초점 질문이 있다고 하면, 다음과 같이 말할 수 있다.

- 이 질문은 우리 회사가 보다 잘 기능할 수 있는 방법에 대한 것이 아니다.

- 서로의 동료애를 키우는 방법에 관한 것이 아니다.
- 즐거운 점심시간을 보내는 방법에 대한 것이 아니다.
- 우리의 업무 확대에 대한 것이 아니다.
- 우리 팀을 보다 잘 기능하게 하는 방법에 대한 것이다.

모두가 질문을 확실히 이해하도록 하는 것이 요점이다.

2. 브레인스토밍의 씨앗 뿌리기

참여자들에게 적절한 응답의 예를 몇 가지 들어주면 다른 아이디어가 유발된다. 그룹을 자극하기 위해 필요한 종류의 응답을 예로 든다. 또한 질문에 상세한 사항을 덧붙임으로써 브레인스토밍에 씨앗을 뿌릴 수도 있다. 당신이 약간의 예를 들어줄 수 있다. 워크숍이 업무 환경 개선에 관한 것이라면, "회의, 팀 활동, 커뮤니케이션, 팀 업무 등과 같은 것들을 생각해 보세요"라고 말할 수 있다. 브레인스토밍에 지나친 제한을 두지 않도록 주의한다. 참여자들이 상황의 기본적인 제약들 내에서 가능한 한 많은 창의성을 내도록 하는 것이 핵심이다.

3. 개인 브레인스토밍

그룹의 참여자들에게 개인적으로 생각할 시간을 준다. 틀린 답은 없다는 말도 덧붙인다.

4. 최고의 아이디어 선택하기

공동 작업을 시작하기 전에 참여자들이 자신의 최고의 아이디어 3~5개를 골라 옆에 별표(★)를 표시하도록 한다.

5. 팀 브레인스토밍

그룹을 두세 명씩 팀으로 나누어 아이디어 프로세스를 진행한다. 40명 이상의 대규모 그룹이라면, 팀의 규모도 커지고 각 팀에 프로세스를 이끌 사람도 필요하다. 팀 구성원들은 서로 아이디어를 공유한다.

팀에게 카드를 나누어주고 그들의 최고의 아이디어를 카드 한 장에 하나씩 굵은 글씨체로 쓰게 한다. 팀에게 카드 작성법을 안내할 수 있도록 '힌트 카드'를 벽에 붙여도 된다. '아이디어 하나 당 카드 하나', '굵은 글씨체', '카드 당 3~5 단어', '명확하고 구체적으로', '아이디어의 다양성은 유지하되 중복되지 않도록'이라고 쓴 카드를 예로 보여주는 것이다.

6. 그룹 브레인스토밍

그룹 브레인스토밍의 첫 번째 라운드에서 퍼실리테이터는 팀에게 그들의 가장 명확한 아이디어 몇 가지를 선택하라고 한다. 어느 아이디어가 가장 명확한지 팀 내에서 논의한다.

다시 전체 그룹의 주의를 집중시킨다. 이제 리더는 카드를 수거한다. "각 팀은 가장 명확한 카드 2~3장을 제출하세요." 퍼실리테이터는 카드를 받아 뒤섞는다. 카드 하나를 뽑아 그룹에게 보여 주고 큰소리로 읽은 후 벽에 붙인다.

리더는 두 번째 라운드에서 이렇게 말한다. "각 팀은 먼저 낸 것과는 매우 다른 아이디어 카드 1~2장을 제출하세요." 퍼실리테이터는 다시 카드를 받아 뒤섞고 하나씩 읽어준 다음 벽에 붙인다.

3단계: 아이디어 분류하기는 아이디어를 군집화하고 유사한 데이터 항목들을 모아 범주를 만든다.

실제 상황에서, 그룹 브레인스토밍 단계를 아이디어 분류하기 단계와 구별하는 것은 어렵다. 한 단계가 다른 단계로 흘러들기 때문이다. 분류하기를 통해 그룹은 아이디어 사이의 새로운 관계를 발견할 수 있다. (그림5)

그림5. 카드들은 초점 질문 아래에 일정 거리를 두고 불규칙적으로 붙어 있다.

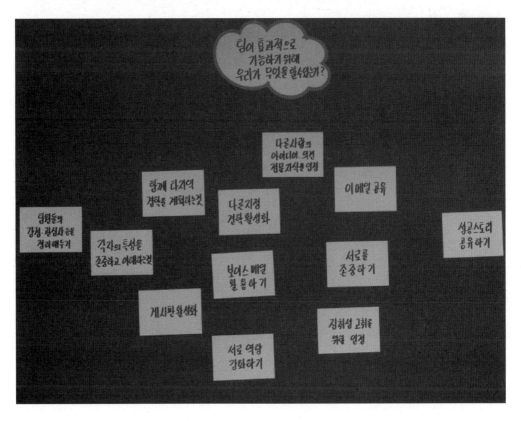

1. 첫 번째 라운드: 아이디어 짝짓기

15~20장의 카드를 벽에 붙인 후에, 워크숍 리더는 그룹에게 초점 질문에 대한 답이 유사한 두 장의 카드를 찾게 한다. 리더는 그 카드들을 나란히 붙이고, 위에 기호를 붙여 범주를 표시한다. (그림6)

그림6. 참가자들에 의해 짝지어진 세 쌍의 카드들은 각 기호 아래에 나란히 붙어 있다.

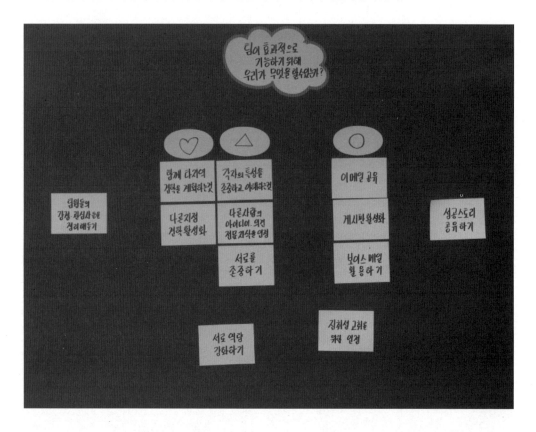

2. 두 번째 라운드: 상이한 아이디어

리더는 첫 번째 짝과는 다르지만, 서로 유사한 두 장의 카드를 찾도록 그룹에게 지시한다. 처음과 같은 방식으로 범주를 만든다.

이런 식으로 4~5개의 짝을 만들어 놓는다. (그림7)

4~5개의 짝을 만든 다음, 다른 카드를 기존의 짝에 추가할 수도 있다. 카드를 어디로 분류할지 확실하지 않으면 그대로 둔다.

범주에 카드가 단 한 장뿐이더라도 나머지와 상당히 다르다면 따로 분리해 둔다.

3. 세 번째 라운드: 범주에 포함되지 않은 카드

그림7. 이제 카드 네 쌍이 만들어졌고, 두 쌍 아래에 추가적인 데이터가 놓여있다. 분류되지 않은 데이터들은 아직 그 주변에 위치하고 있으며, 더 많은 범주들이 생겨야 제자리를 찾아갈 것이다.

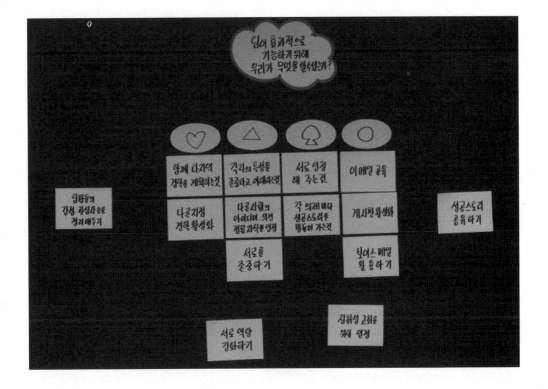

리더는 기존 범주에 포함되지 않은 카드를 모두 가져오게 한다. 그것들을 하나씩 소리내어 읽고 벽에 붙인다. 그런 다음 그것에 대해 토론을 하고 적당한 범주에 추가하거나 새로운 범주를 만든다.

4. 네 번째 라운드: 기호 카드

모든 그룹은 가장 명확한 그룹의 기호를 카드에 표시하고 제출한다. 퍼실리테이터는 기호의 이름을 말하고 지시된 범주에 붙인다. 모든 카드는 이제 어느 범주 중 하나에 속한다. (그림8)

그림8. 여덟 줄의 데이터들이 서로 다른 기호들 아래에 어떻게 분류되었는지 주목하라. 범주들은 아직 이름이 정해지지 않았다.

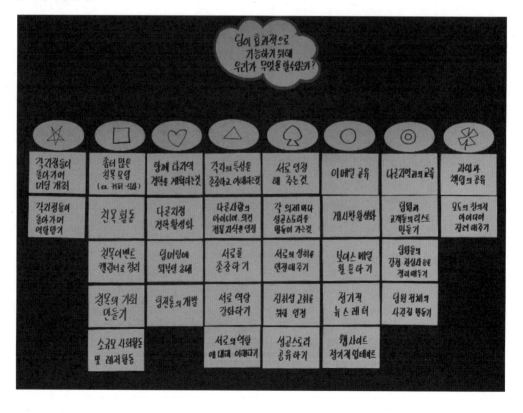

4단계: 범주 이름짓기

여기서 도전 과제는 특정 범주의 본질을 끌어내고 이름을 부여하는 것이다. 범주의 이름이 초점 질문에 대한 하나의 답이라는 것을 모두가 깨닫는 것이 중요하다.

비교적 작업하기 쉽고 분명한 범주를 선택한다. 대부분 가장 큰 범주일 것이다.

1. 범주 카드 읽기

해당 범주에 속하는 카드를 모두 큰소리로 읽는다.

2. 키워드

질문한다. 이 범주의 키워드는 무엇인가?

3. 토론

명료성과 통찰을 위해 그 범주에 대해 토론하고, 질문한다. 이 범주는 무엇에 대한 것인가? 주요 아이디어는 무엇인가? 여러 가능성을 탐구할 시간을 갖고 그 범주 이면의 통찰이 무엇인지에 대해 공통적인 이해가 이루어질 때까지 작업한다.

4. 범주 이름짓기

범주에 이름을 부여한다. 참여자들에게 통찰을 짧은 말로 요약하게 한다. 시험 삼아 몇 가지 이름을 요구하고, 두세 사람의 통찰을 합한다. 초점 질문의 대답이 될 수 있도록 이름의 문법적 형태를 제안해 준다. 예를 들어, '매력적인 형용사, 명사 또는 동사, 그리고 행위의 목적어' 등이다. 이름을 카드에 쓰고 벽에 붙인다.

이 과정을 각 범주에 반복한다. (그림9)

그림9. 이제 모든 카드열에 이름이 붙었다. 이름 카드는 기호 카드와 초점 질문 사이에 자리한다.

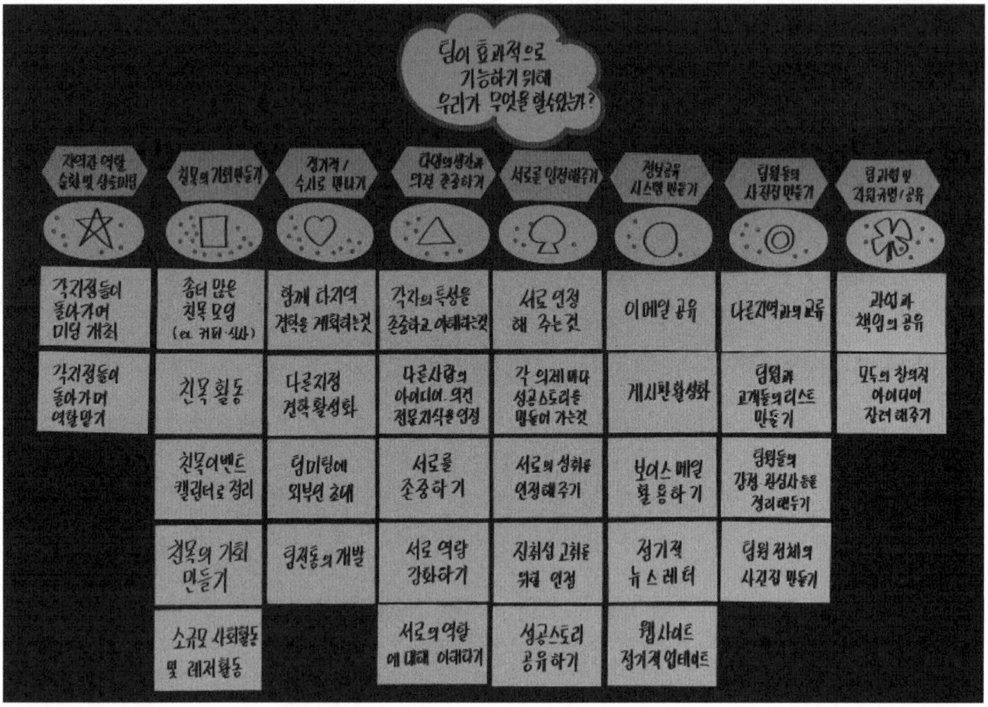

5단계: 마무리하기

1. 성찰의 대화

내용에 대한 성찰은 이름 카드를 크게 읽으면서 시작하여, 여러 가지 카드에 대한 그룹의 반응을 구하고, 찾아낸 돌파구를 상세히 설명하고, 결과에 대한 그룹의 헌신도를 시험한다.

2. 문서화와 후속처리

첫 번째 문서화는 벽에 있는 데이터를 도표나 종이 테두리 안에 그대로 베끼는 것이다. 그 페이지를 다시 복사해서 (사람들이 회의실을 떠나기 전에) 참여자들이 자신의 말로 이루어진 자신의 활동 기록을 갖도록 나누어 준다. 이를 통해 사람들은 자신들의 목소리가 경청되고 진지하게 받아들여졌음을 재확인한다.

워크숍 이후에 문서를 그래픽과 레이아웃으로 다듬을 수 있다. 그룹의 결과에 대해 가능한 한 충실한 상태를 유지하는 것이 필수이다.

다른 방법은 차트로 워크숍 내용을 발표하는 것이다. 차트에서 각 열은 아이디어 범주의 내용을 담는다. 다음 도표는 어느 병원에서 수행된 워크숍을 문서화한 것이다.

문서화가 잘된 보고서를 작성하면 장래에 참고용으로 쓰일 수 있다. (문서화에 대한 더 자세한 사항은 9장을 보라.)

그림10. 이 같은 도표는 워크숍의 결과를 한 페이지에 압축할 수 있다. 모든 데이터가 어떻게 담겨 있는지 스틸 사진처럼 보여준다.

지역 보건 위원회 **복합 서비스 기관(MSA) 자문**					
단독기관 산하 서비스	이사회 구성 시 선택사항				고정관념 탈피
		중요 권고사항		선출된 이사회	
	선출된 대표 이사회	하나의 MSA	전략적 단계 기획		
지역보건, 안내사무실 등 기존 설비를 고려한 사이트 위치 단독기관 산하 최대한의 서비스	거버넌스/대표적인 구성원: 지형 수요자 그룹 공급자 그룹 거버넌스 이사회에서 대표되는 수요자 공급자 자문위원회 설립 선출된 단일 이사회: 8개 지방자치 DHC 전문 기술 (변호사, 재무 등) 각 지역의 자문위원회 필요성	하나의 지역에 하나의 이사회, 하나의 MSA 지역사회의 요구를 반영하기 위한 하나의 MSA 이사회 및 장소 선호옵션 #1 1개의 MSA는 종합적인 실행에 집중 향후 재평가 운영비용 억제 다수가 확실한 변화가 있는 옵션 1에 투표 변화가 있는 옵션 1이 선호됨 (2표 이상 차이)	실행 사실과 예산 수치에 대한 구조 실행기획팀 공급자의 임시 위원회 진행 중 평가필요 정부 변화에 의한 입안정책 재고찰 과정에 대한 진행 중 평가 연속적인 합병 에 의한 서비스 단계적 도입 현재의 홈케어 프로그램 확대 인적자원, 노동조합 비용/안건	책임수행에 최적인 선출된 이사회 대중에서 이사회 선출 선출된 이사회 재정, 공동체의식, 조언을 위해 선출된 이사회	창조적일 것; 개념적인 장애를 벗어나기 옵션: 현재 (일부) 중앙기관의 연합

플립차트 접근법

플립차트 접근법은 소규모 그룹의 비공식적 상황에서 가장 잘 쓰이며, 이 경우 질문에 대한 답이 15~20개 정도 밖에 되지 않는다. 답이 그보다 많으면 이 접근법으로 프로세스를 관리하기 어려워진다. 온라인 워크숍에서, 혹은 오버헤드 프로젝터[6]와 함께 활용되기도 한다.

조 넬슨은 20개 이상의 답을 가지고 플립차트 워크숍을 할 때 어떤 일이 일어날 수 있는지 말해주었다.

예전에 나는 아주 열의에 가득 찬 25명의 그룹을 맡은 적이 있다. 우리는 단순한 주제에 대해 플립차트 방법을 시도했다. 이 방법이 '빠르고 간편하기'를 바라면서 말이다. 그들은 아이디어 25개로 멈추지 않았고, 여러 장의 플립차트를 40개 이상의 항목들로 채웠다. 그들은 아이디어 사이의 연관성을 볼 수 없었고 끊임없이 논쟁을 이어갔다. '빠르고 간편한' 워크숍은 장장 세 시간이 걸렸다. 그 후에 바로 다음 워크숍으로 넘어갔다. 더 난해한 주제에 대해 카드를 이용해 진행한 워크숍은 한 시간 만에 마칠 수 있었다. 유사한 항목을 찾기 위해 이리 저리 눈을 굴려 목록을 건너뛰는 플립차트 방법으로 인해, 유사점보다는 차이점에 주목하는 그들의 성향은 더 강화되었다. 카드 접근법은 유사성의 패턴을 뚜렷이 드러나게 하고, 그들의 패턴 구성 능력을 강화시켰다.

1단계: 도입하기

첫 시작은 도입하기이다. 도입하기는 한계를 설정하는 것이다. 초점 질문은 모두가 브

---

6) 일반적으로 OHP라고 하는 영사기의 하나로, 도표나 문자를 셀룰로이드판에 써서, 스크린에 영상으로 비추는 기기이다. 역주

레인스토밍을 통해 답을 구하는 하나의 질문이다.

초점 질문을 플립차트에 인쇄한다.

다른 플립차트에 기본 규칙과 가정을 적는다.
1. 모두에게 지혜가 있다.
2. 가장 현명한 결과를 얻기 위해서는 모든 이의 지혜가 필요하다
3. 틀린 답은 없다.
4. 전체는 부분의 합보다 크다.
5. 모두가 듣고 말할 기회를 갖는다.

이것을 워크숍 기간 동안 벽에 붙여 둔다.

2단계: 브레인스토밍

개인들에게 질문에 대한 답을 생각나는 대로 가능한 한 많이 써두라고 한다. 자신의 답을 판단하지 않고, 창의성이 방해받지 않고 흘러가게 두라고 말한다. 두세 마디의 짧은 말로 자신의 통찰을 적어보라고 한다. 각자 가장 좋은 두 개의 응답 옆에 별표(★)를 치게 한다.

사람들에게 차례대로 별표를 한 응답 중 하나를 말해 달라고 한다. 개인의 응답들을 플립차트에 내려써서 목록을 만든다. 항목들을 목록에 올리면서 번호를 붙인다. 별표 표시한 다른 응답이 무엇인지 묻고 플립차트에 적는다. 그룹에게 기타 모든 아이디어를 묻고 목록에 올린다. 플립차트 프로세스는 약 15~20개 아이디어에 가장 효과적이라고

알려져 있지만, 그룹의 모든 답을 끌어내는 것을 제한하지 않아야 한다. 아이디어의 수가 20개 이상으로 넘어가면 카드 접근법을 활용하는 것이 더 바람직하다. (그림11)

그림11. 브레인스토밍을 통해 15~20개의 항목들이 도출되고, 플립 차트에 기록되었다.

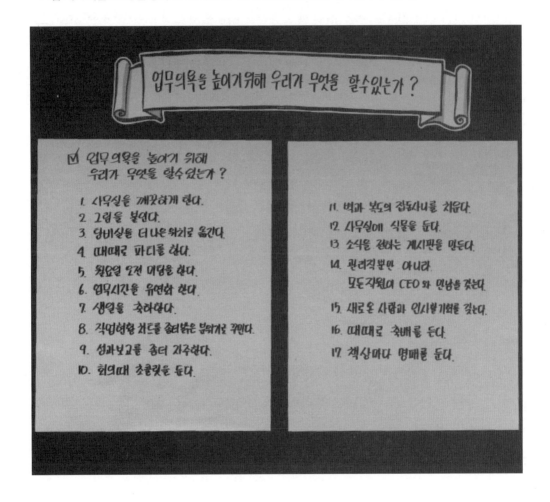

왜 아이디어를 플립차트에 기록하는가?

퍼실리테이터가 플립차트에 아이디어를 쓰면 그룹의 구성원들이 그에 대해 상호작용할 수 있다. 그것은 아이디어와 발언자를 인정하는 것이다. 아이디어를 눈으로 보는 것이 생각하는 데에 시각적 자극을 제공하기 때문에 사람들이 참여하게 된다. 이는 시각 지향적인 사람들에게 매우 중요하다. 플립차트에 아이디어를 쓰는 것은 또한 아이디어와 그 발언자를 분리하는 역할을 한다. 그 아이디어는 이제 그룹 전체에 속한다. 아이디어를 포기함으로써 그룹은 그 아이디어에 대한 주인의식을 확립하게 된다. 장래의 활용과 참고를 위해 아이디어를 기록하는 것도 매우 중요하다. 사람들은 아이디어들을 적어둘 수 있고, 데이터 입력이 빠른 사람은 발언과 동시에 기록할 수 있다. 대부분의 그룹에게 플립차트는 가장 접근하기 쉬운 수단이다.

일부 퍼실리테이터는 아이디어를 받아쓸 때 서로를 분명하게 구별하기 위해서 초록, 파랑, 보라 등으로 마커 색상을 번갈아 사용한다. 이는 도움이 될 수 있지만, 너무 빠져들지 않도록 한다. 중요한 것은 아이디어를 가능한 한 분명하게 플립차트에 옮기는 것이다.

아이디어를 플립차트에 적을 때 당사자가 사용한 어휘를 사용하는 것이 중요하다. 누군가가 '갤런 당 높은 마일 수'라고 아이디어를 표현했는데 이를 '고효율 연비'라고 바꿔적는 것은 바람직하지 않다. 퍼실리테이터 자신의 표현이 더 낫다고 생각되더라도 말이다. 퍼실리테이터는 '갤런 당 높은 마일 수'라고 아이디어를 그대로 적어야 한다.

한편, 어떤 의견들은 아주 조금 요약될 수도 있다. 하지만 퍼실리테이터가 간결성을 위해 모든 아이디어를 편집하는 습관에 빠져있다면, 자칫 참여자들로부터 격한 비난을 받기 쉽고 실제로 그렇다.

한 ICA 멘토가 플립차트 워크숍을 경험한 참여자로부터 전화를 받았다. "그 방법이 효과적이라는 건 알겠어요." 그녀는 말했다. "그런데 워크숍에서 모두들 화가 났어요. 그 방법이 문제는 아닌 것 같았어요. 왜 모두 화가 났던 걸까요?" 멘토가 자세한 얘기를 더 물었을 때, 퍼실리테이터가 사람들의 말을 사용한 어휘 그대로 플립차트에 옮기지 않았던 사실이 드러났다. 그녀는 아이디어를 자신의 언어로 다시 말했고, 모두의 아이디어를 받아쓰지 않았다. 그룹은 그가 그들이 하려던 말이 아닌 그녀가 듣고 싶은 말만 받아쓴다고 의심했고, 그들의 불신이 화로 폭발했다. 워크숍은 대실패였다.

나중에 3부에서 읽게 되겠지만, 퍼실리테이터는 그룹의 아이디어에 대한 봉사자이지, 편집자가 아니다.

중요한 것은 모든 아이디어를 끌어내는 것이다. 이를 위해서는 프로세스를 독차지하고 싶어 하는 사람들에게 대처하는 나름의 방법이 있어야 한다. (뒤에서 더 설명할 것이다) 한 퍼실리테이터가 쓴 글이다.

나는 워크숍을 시작하면서 모두의 생각이 가치 있고 최상의 결과에 필요하다는 점을 강조한다. 도입하기와 초점 질문을 마친 후, 참여자들에게 답을 말하기 전에 적어보는 시간을 준다. 또한 우리가 바라는 종류의 응답을 예로 들어준다. 첫 번째 질문에 대해, 개개인으로부터 응답을 한 가지씩만 받는 것이 도움이 된다. 이는 다음에 이어지는 참여를 더 수월하게 만들기 위해서이다. 그러고 나서 모든 그룹원들이 브레인스토밍에 참여하도록 한다. 나는 참여자들의 아이디어를 정중하게 인정하는 것을 중시한다. 이는 모든 사람의 참여를 촉진하기 때문이다. 당연한 말이지만, 가장 기본적인 참여는 아이디어를 끌어내고 사람들이 실제로 서로 경청할 수 있게 하는 것이다.

그룹에게 목록을 보고 초점 질문에 대한 답이 유사한 항목들을 짝짓게 한다.

명확성을 요하는 질문이 있거나 또는 짝을 이룬 것에 동의하지 않으면 이야기 하라고 그룹에게 말한다. 그 항목을 만든 사람이 설명하게 한다.

유사한 항목의 짝을 4~5가지 확인한다. 서로 다른 기호를 사용하여 각 쌍에 표시한다.

참여자들이 아이디어를 분류하지 않도록 설득한다. "이 짝은 경제 발전에 대한 것이고, 저 짝은 시민 사회에 대한 것이에요." 이는 모든 데이터가 수집되기 전에 성급히 범주를 결정하는 것이다. (그림12)

그림12. 지금까지 세 쌍의 범주가 형성되었음에 주목하라. 그리고 더 늘어날 것이다.

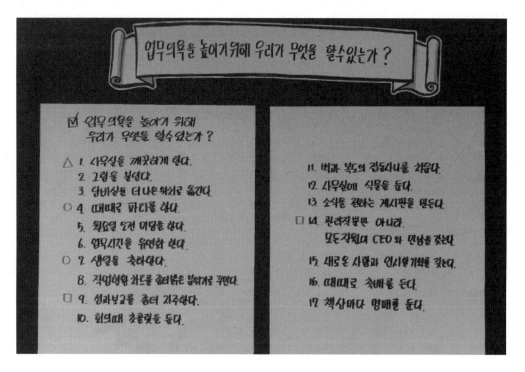

쉽게 정할 수 있는 5~6쌍을 확인한 뒤, 나머지 항목에 대해서는 가장 잘 맞는 짝을 정한다. 나머지 항목들을 작업하는 동안 새로운 범주를 만들 수도 있다. 아이디어들이 점점 추가되면서 범주가 어떻게 성장하고 변화하는지 주목하라고 그룹에게 말한다. (그림13)

그림13. 모든 데이터가 다섯 개의 범주로 나누어졌다. 4번과 13번의 경우, 두 개의 기호가 동시에 부여된 것을 볼 수 있는데, 이 경우는 항목이 둘 중 어느 한 범주에 속하는지 참가자들이 결정하지 않은 상태이다.

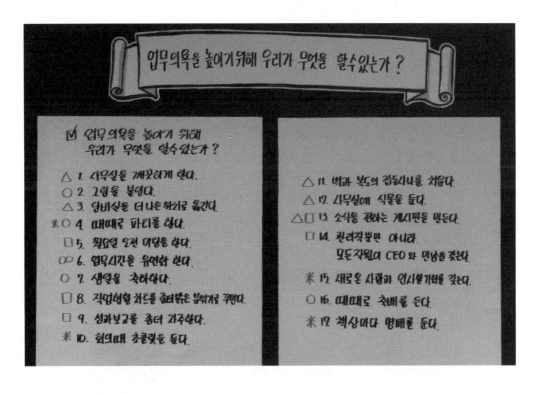

4단계: 아이디어 범주 이름짓기

이름짓기에서 합의를 인식하게 된다. 집중 대화 기법을 이용하여 범주를 고찰할 수 있다.

예를 들어, 당신이 사용했던 기호를 플립차트에 쓰고 그룹에게 해당 아이디어들의 유사성이 무엇인지 확인해보라고 한다.

- 첫 번째 기호에 있는 모든 항목들을 큰소리로 읽는다.

- 제가 읽는 동안 발견한 키워드는 무엇인가요?

- 이 항목들의 주제는 무엇인가요?

- 이 아이디어들 사이의 주된 연관성은 무엇인가요?

- 초점 질문에 대한 답으로서 이 범주에 어떤 이름을 부여할까요?

그룹이 합의에 이를 때까지 기다린 다음, 기호 옆에 제목이나 이름을 받아 적는다. 각 범주마다 같은 과정을 반복한다. (그림14)

그림14. 모든 범주에 이름이 부여되었다. 우선순위 배정 절차는 마무리하기 과정에서 실시된다.

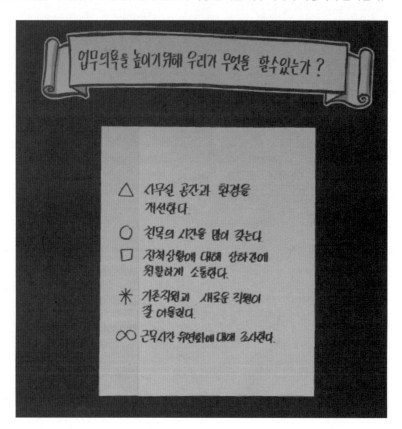

대부분의 사람들이 합의란 모두가 동의하는 것을 의미한다고 생각하기 때문에, 합의에 대해 다음과 같은 설명을 해야 할 수도 있다.

"합의는 반드시 모두가 동의하는 것을 의미하지는 않습니다. 합의는 전진하기 위해 모두가 결정이나 제안을 따를 수 있다는 의미입니다. 단어란 의미를 완벽하게 담아낼 수 없습니다. 전진하기 위해 충분한 의미를 담아내야 할 뿐이지요."

5단계: 마무리하기

이 단계에는 주요 부분 두 가지가 있고, 이는 전체 프로세스에 대한 화룡점정이라 할 수 있다.

1. 프로세스와 그 결과에 대한 그룹의 성찰
2. 결과의 문서화

1. 그룹 성찰

내용에 대한 성찰은 이름 카드를 크게 읽으면서 시작하여, 여러 가지 아이디어 카드에 대한 그룹의 반응을 얻고, 발견된 돌파구를 설명하고, 결과에 대한 그룹의 헌신도를 시험한다. ('카드 접근법'의 5단계를 보라.)

2. 결과 문서화

한 가지 방식은 한 범주 내 카드에 적힌 아이디어를 통합하여 산문 형식의 보고서나 단평을 작성하는 것이다. 문서화는 아웃라인 형식으로도 이루어질 수 있고, 특히 플립차트 워크숍에 관련되어 있다. (자세한 사항은 9장을 보라.)

또 다른 방식은 워크숍 내용을 도표로 나타내는 것이다. 도표에서 각 열은 아이디어 범주의 내용을 담는다. 그림15는 병원에서 수행된 워크숍을 문서화한 도표를 보여준다.

(그림15)

병원 내부의 팀들이 잘 기능하도록 하기 위해 무엇을 할 수가 있는가?							
공유된 책임 지원	정규적이고 효과적인 미팅 스케줄 지원	팀의 장점 개발하고 지원하기	팀의 성과와 성공에 대해 인지하고 광고하기	팀 정체성 형성	각 팀간의 명확하게 집중된 목표 개발	즐거운 분위기 만들기	전체 팀원 대상 오리엔테이션
팀원간의 역할 순환 팀 역할에 대한 책임 공유 팀원들의 장점과 그들의 기술 활용에 대한 평가 필요기술에 대한 교육 리더와의 정기적인 사전 미팅 퍼실리테이터의 유연성	시간·장소가 일정한 정규미팅 물리적인 팀 영역 미팅 회의록과 공보자료의 배포·개선 일관성있는 미팅	원칙을 활용하여 참여시키기 안전한 환경 유지하기 서로 격려하고 칭찬하기 들어주기 새로운 아이디어와 변화에 대해 팀원이 공개하는 것을격려하기 과업완료를 지원하고 확인하기 적시에 노고와 성공 인정 창의성 지원하기	성취에 대한 축하행사하기 성공 확인을 위해 '팀의 달' 갖기 월별 뉴스레터에서 팀 집중 조명하기 잠재적 성취를 위한 열정 창조하기 합동회의 일정과 정보 공유 결정 팀 성공 기념하기 다른 팀과 정보 공유하기 시간 낭비하지 않기 서로 방해하지 않기 팀 스스로 홍보하기	팀 구축 활동 및 모임 팀의 정체성, 특성 만들기 팀의 정체성을 위한 상징, 비주얼 창조하기 세간의 이목을 끄는접근 상세한 팀 프로파일만들기	팀 권한 개발 팀목표및권한 팀 개발 행동목표 명확화 팀원들에 의해 개발된 팀목표, 비전 명확화 병원 계획과 팀 프로젝트 연관시키기 아이디어의 지속적 실천 목표 설정을 명확히 하여 팀에 집중하도록 하기 팀원들의 과업과 실행 계획 명확화	회의에서 재미있는 것을 포함시키려고 시도하기 재미 만들기 각 팀이 월별 이벤트 후원하기 팀 미팅에서 사회활동 포함시키기 공식, 비공식적 세션	새 팀원을 위한 완전한 오리엔테이션 개발 새 팀원을 위한 오리엔테이션, 정기적인 목표 리뷰 팀의책만들기 팀 멤버 사진과 이름을 목록으로만들기 팀 내 CQI(품질검사) 프로세스 더 잘 이해하게 하기 사람들로 하여금 어떤 팀들이 있는지 확실히 알게 하기

94

2부

컨센서스 워크숍 심화 포인트

2부는 기법의 각 단계에 대한 자세한 절차를 담고 있다. ICA 퍼실리테이터들은 수년에 걸쳐 수많은 컨센서스 워크숍을 진행했다. 많은 워크숍 리더들의 축적된 경험을 통해 이 기법은 정교함과 깊이를 더해왔다.

다음 다섯 개의 장에서는 워크숍의 각 단계를 매우 상세하게 살펴볼 것이다. 이는 지나친 완벽주의 때문이 아니라, 퍼실리테이터가 기법을 최대한 활용할 수 있게 돕고, 그룹의 참여를 증진시키며, 최상의 결과를 이루기 위해서다. 또한 2부는 그런 절차들이 필요한 이유와 가장 일반적인 실수를 피하는 방법에 대해서도 알려준다.

5장. 도입하기: 그룹 오리엔테이션

도입하기를 통해 당신은 컨센서스 워크숍이 발생한 유래 및 당신이 살아가는 동시대 세상, 그룹에 영향을 미치는 특별한 쟁점, 워크숍을 하게 된 배경 등을 살펴보게 된다.

세계기독교연구소Ecumenical Institute, 1971 「워크숍 기법Workshopping Methods」

도입하기의 개요

도입하기는 컨센서스 워크숍의 방향을 설정한다. 워크숍을 위해 모인 그룹의 구성원들은 대체로 워크숍이 요구하는 초점에 맞춰져 있지 않다. 회의실 안에 수십 가지 관심사가 떠돈다. 누군가는 어제 회의에서 상사가 한 말의 진의가 무엇인지 명확한 설명을 듣고 싶어 한다. 크리스마스 보너스에 대한 소문이 돈다. 누군가는 오븐 속에 있는 고기찜을 확인하기 위해 집으로 전화를 못해서 초조하다. 영업사원들은 휴대폰을 눌러대며 회의 시작 전에 거래를 매듭지으려 한다. 누군가는 커피 때문에 불평 중이다. 자녀들에 대한 얘기를 나누는 사람들도 있다. 이 그룹은 초점을 맞춰야 한다.

워크숍 퍼실리테이터가 첫 번째로 할 일은 모든 사람의 주의를 환기시키고 초점을 하나로 모으는 것이다. 바로 컨센서스 워크숍과 그 주제이다. 즉, 퍼실리테이터는 그룹의 마음을 끌어 모아야 한다. 달리 비유하면, 리더는 모든 사람의 마음을 같은 야구장에 소집해야 한다.

도입하기는 워크숍을 시작할 때만 하는 것이 아니다. 각각의 주요 단계에 들어가기 전, 그리고 대부분의 절차에도 필요하다. 따라서 컨센서스 워크숍의 각 단계에는 도입하기가 필요하다.

1. 도입하기의 도입하기

2. 브레인스토밍의 도입하기

3. 분류하기의 도입하기

4. 이름짓기의 도입하기

5. 마무리하기의 도입하기

퍼실리테이터들은 그룹의 구성원이 문제 해결을 위해 모일 때 예상되는 일반적인 함정과 실수를 경험을 통해 익히 알고 있다. 퍼실리테이터는 도입하기를 통해 그런 일들을 미연에 방지할 수 있다. 도입하기는 참여자들이 워크숍 절차의 이유와 방법을 이해하는 데 도움이 된다. 요컨대, 도입하기는 초점 질문에 대한 양질의 응답을 위한 무대를 마련하는 장치다. 도입하기는 많은 시간을 절약하고 완전히 다른 워크숍 결과를 낳는다. 도입하기는 그룹의 상상력을 북돋고 주제와 관련된 아이디어로 향하도록 하는 데 결정적인 역할을 한다. 퍼실리테이터는 도입하기에서 9가지 절차를 수행한다.

1. 컨센서스 워크숍의 주제를 명시한다.

2. 이 주제가 지금 이 그룹에게 중요한 이유를 말한다.

3. 컨센서스 워크숍 프로세스를 간략하게 설명한다.

4. 결과를 명시한다.

5. 결과가 어떻게 이용될지 말한다.

6. 시간 배분을 명확히 한다.

7. 워크숍 방식의 가정을 설명한다.

8. 퍼실리테이터의 역할을 상세히 설명한다.

9. 초점 질문을 강조한다.

이 절차들을 차례대로 살펴보자.

절차별 세부 내용

절차 1: 주제 알리기

컨센서스 워크숍이 무엇에 대한 것인지 명확하게 밝힌다. 예를 들어, "이 워크숍은 비전 워크숍입니다. 향후 5년 간 이 조직에서 일어나길 바라는 일에 대해서 가능한 한 생생하게 말씀하시기 바랍니다."

또한 도입하기는 주제의 범위를 지정한다. 앞의 예를 다시 들면, "이 워크숍은 조직에 대한 여러분의 희망과 꿈에 대한 것입니다. 불만과는 전혀 관계가 없습니다. 전략적 방향에 대한 것도 아닙니다. 여러분이 생각하는 상사의 비전에 대한 것도 아닙니다. 바로 여러분의 비전에 대한 것입니다."

또한 여기서 주제는 과거와 미래의 맥락에서 정해진다. 예를 들어, "지난 분기에 계획할 때 우리는 마케팅에 초점을 맞췄습니다. 이번 분기 계획에서는 판매를 강조할 것이고, 다음 분기에는 고객 서비스에 중점을 둘 것입니다."

절차 2: 주제가 중요한 이유 말하기

당신이 왜 구성원들에게 전화, 타이핑, 집에 있는 오븐 확인, 팩스, 이메일, 계획, 고객 대처 등을 중지하라고 요구했는지, 그리고 왜 그들의 실제적인 비전을 말하는 데 그토록 많은 시간을 들이라고 요구했는지 설명한다. 조직의 핵심에 완전히 휩쓸려 들어가 있는 사람에게는 이런 요구가 마치 달에 착륙한 것처럼 어리둥절하게 여겨질 수 있다. 따라서 확실히 이유에 대한 도입하기가 필요할 것이다. 예를 들어, "이 워크숍은 조직 전체에 걸쳐 수행될 연속 워크숍의 첫 번째입니다. 이는 향후 5년 동안 각 부서의 방향에 대해 모든 직원들로부터 조언을 얻기 위한 것입니다. 관리자는 이 워크숍에 여러분의 참석을 매우 중요하게 생각해서 오후시간 동안 여러분을 고객 서비스업무에서 벗어나게 한 것입니다. 따라서 이 워크숍에 충실히 임해주시기 바랍니다."

여기서 워크숍을 어떻게 하게 되었는지도 설명한다. 워크숍이 고객 서비스 촉진에 대해서라면, 리더는 이렇게 말할 수 있다. "고객 서비스 부장은 최근의 고객 불만에 대해 관리자와 얘기했습니다. 그들은 이 문제를 어떻게 해결할 것인지에 대해 고객 서비스 직원과 협의하는 것이 최선이라고 생각했습니다."

주제의 중요성이 분명해졌을 때, 테이블에 둘러앉은 사람들은 창의적인 해답을 생각해내는 것에 집중할 수 있다. 도대체 왜 이런 얘기를 하고 있는지, 누가 상사에게 고자질한 것인지 궁금해 하거나, 별 소용도 없는 생각에 잠겨 있기 보다는 말이다. 모든 아이디어가 밖으로 튀어나온다.

시간과 상황이 허락된다면, 미리 구성원들에게 도입하기를 제공하는 것이 대체로 도움이 된다. '이것이 도대체 어디서 생겨난 일인지' 궁금해 하며 그들이 시간을 허비할 필요가 없기 때문이다. 그들이 이미 주제 및 그 주제의 '누가, 언제, 무엇을, 왜, 어디서, 어떻게'를 알고 있으면, 정신적인 준비가 끝난 상태로 워크숍에 임할 수 있다. 물론 자료들을 사전에 보내더라도 여전히 워크숍에서 검토할 필요는 있다.

절차 3: 프로세스 설명하기

프로세스를 명시하는 것으로 시작한다. "우리는 컨센서스 워크숍 프로세스를 활용하게 될 겁니다." 그룹이 이 프로세스에 친숙하다면, 당신은 더 이상 얘기할 필요가 없다.

그녀나 만약 그룹이 생소하게 느낀다면 이렇게 덧붙인다. "이 프로세스가 진행되는 동안에 개인별로 생각하고 팀별로 아이디어를 공유하는 시간이 있을 겁니다. 그런 다음 우리는 그룹 전체의 아이디어를 가지고 작업할 겁니다."

절차 4: 결과 명시하기

이 단계는 참여자들에게 그들이 목표로 하는 결과의 그림을 제시한다. "이 워크숍의 결론에 이르면 여러분의 향후 5년의 비전을 담은 도표가 마련됩니다." 또는 "워크숍 후에 여러분은 이 그룹이 만들어낸 비전의 각 측면에 대해 기술한 문서를 받게 됩니다."

절차 5: 결과가 어떻게 활용될지 말하기

이 때가 중요한 단계다. 컨센서스 워크숍이 부서의 핵심역량 도출을 목표로 한다면, 이렇게 말한다. "이 워크숍에서 우리 부서의 업무와 관련된 핵심역량을 도출할 것입니다. 이 정보는 신입 사원 교육 과정을 만들기 위해 교육부서에서 활용할 겁니다."

이 시점에서 참여자들에게 워크숍 결과에 대한 문건을 각각 받게 된다고 상기시킨다. 그 결과물은 경영진만을 위한 문서가 아니다.

절차 6: 시간 배분 명확히 하기

사용할 수 있는 시간에 대해 모든 사람이 분명히 이해하도록 한다. "이 워크숍의 진행 시간은 2시간 30분입니다. 우리는 여러분이 보통 퇴근하는 시간까지 끝마치는 것을 목표로 합니다. 그런데 혹시 워크숍을 10분 정도 연장해야 하는 경우에 곤란하신 분 계십

니까?" 그룹 안에 누군가 저혈당중이 있을 수도 있고 또는 시간을 지켜야 하는 약속이 있을 수도 있다. 이런 상황을 미리 알아두면 좋다.

총시간을 알려줄 때는 모든 경우를 고려하도록 한다. 관리자가 (격려 연설이나 리서치 서류의 결정 등과 같은) 무언가를 추가하고자 한다면 결과적으로 시간이 연장된다는 점을 분명히 해야 한다.

절차 7: 가정 설명하기

활동의 가정을 명시하는 것은 중요하다. 이는 워크숍 과정 내내 유지될 것이다.
· 모두에게 지혜가 있다.
· 가장 현명한 결과를 얻기 위해서는 모든 이의 지혜가 필요하다
· 틀린 답은 없다.
· 전체는 부분의 합보다 크다.
· 모두가 듣고 말할 기회를 갖는다.
(104쪽의 '워크숍 기본 가정'을 보라)

절차 8. 퍼실리테이터의 역할 설명하기

퍼실리테이터의 임무는 프로세스를 진행하고 올바른 방향을 잡아주며 참여자들 간의 대화를 증진시키는 것이라는 점을 매우 분명히 밝혀 둔다.

절차 9. 초점 질문 강조하기

워크숍의 목적을 말하고 초점 질문이 어떻게 결정되었는지 설명한다. 워크숍을 시작할 때 모두가 볼 수 있도록 초점 질문을 플립차트에 써서 잘 보이는 곳에 붙여둔다. 이는 워크숍 기간 동안 북극성과 같은 참고 포인트로서 그룹과 퍼실리테이터가 워크숍의 초점을 상기하게 해준다. 보드나 플립차트에 적힌 초점 질문에 동그라미를 그려 강조하는 워크숍 리더도 있다(그림16). 초점 질문은 워크숍 내내 눈에 잘 보이는 자리에 있어야 한다.

긴 질문은 사람들을 혼란스럽게 한다. "우리가 어제 검토했던 지난번 조사에서 많은 소비자들이 언급했던 문제를 해결하기 위해 생산 라인 구성원들과 관리자들이 이용할 수 있는 지침이나 지표는 무엇인가?"와 같은 식의 질문은 곤란하다. 참여자들은 질문의 마지막 부분을 들을 때쯤이면 처음 부분은 잊어버리고 만다. "생산 라인에 대해 우리가 벤치마킹해야 하는 것은 무엇인가?"가 진짜 질문이다. 그룹이 그들의 지식과 경험으로 대답할 수 있는 직접적이고 관련 있는 질문을 던진다. 이 기법에서 간단명료함은 필수 불가결하다. 초점 질문에 대한 더 많은 내용은 10장을 보라.

그림16. 향후 5년 동안 우리 부서에 대한 당신의 꿈과 바람은 무엇입니까?

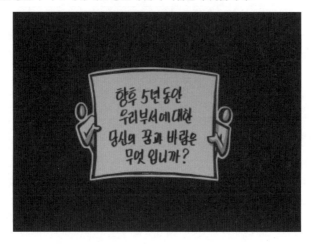

그룹의 생각을 확대하기 위해, 구체적인 응답을 많이 구할 수 있는 폭넓은 질문을 한다. "구내식당에서 기분 좋게 식사하기 위해 우리가 할 수 있는 일은 무엇일까요?" 범위를 더 확장하기 위해서 몇 가지 하위 질문을 제시하고 그룹과 함께 약간의 브레인스토밍을 한다. "이 질문의 하위 주제로는 어떤 것이 있을까요?" 그룹은 말할 것이다. "식물을 이용한 인테리어, 안전 조치, 상호작용을 촉진하는 도구요." 퍼실리테이터는 덧붙일 수 있다. "1인 식사 장소 만들기, 다양한 색상 칠하기, 음식의 다양성과 양 늘리기 등도 생각할 수 있을 겁니다."

도입하기는 길고 지루할 필요가 없다. 간결하고 요점에 맞는 것이 가장 바람직하다. 도입하기 과정에서 그룹의 질문들에 확실하게 대답하면 그룹원들은 눈앞의 일에 에너지를 집중할 수 있다. 도입하기의 마지막에는 프로세스에 대한 질문이 있는지 묻는다. 분명하고 간결하게 답하며, 설명을 반복하거나 덧붙일 수도 있을 것이다.

참여자들이 초점 질문을 파악할 수 있도록, 오히려 초점 질문이 무엇에 대한 것이 아닌지 말해주면 도움이 된다. 초점 질문이 "내년에 시행될 새로운 컴퓨터 마케팅 계획의 요소는 무엇인가?"라면, "우리는 이 질문에 초점을 맞추고, 다른 문제들은 고려 대상에서 제외할 겁니다."라고 말한다.

- 이 질문은 우리가 개발할 수 있는 신제품에 대한 것이 아니다.
- 새로운 직무 기술서나 진급 결정에 대한 것이 아니다.
- 프린터 라인 마케팅에 대한 논의가 아니다.
- 향후 10년이나 다음 달의 마케팅에 대한 논의가 아니다.
- 다음 12개월 간 시행될 컴퓨터 마케팅 방법에 대한 논의이다.

브레인스토밍을 위한 주제에 대해 명료하게 밝히고, 초점 질문을 한다. "새로운 마케팅 계획의 요소는 무엇인가요?"

플립차트가 미리 준비되었다면 도입하기가 더 빠르게 전달 될 수 있다.

워크숍의 기본 가정

오늘날 회의에서 우리 대부분은 완전한 참여를 가로막는 일련의 문제와 마주친다. 그 문제들을 해결하지 않으면, 회의의 결과가 실행되지 않을 수도 있고 또는 사람들이 회의실을 나선 후에야 진정한 회의가 이루어질 수도 있다. 다음과 같은 행동 패턴은 참여를 약화시킨다.

- 소수의 사람들이 대화를 독점한다.
- 대다수 사람들이 아무 말도 하지 않는다.
- 참여자의 의견이 논쟁거리가 된다. 원래 의견의 내용과 상관없는 사적인 빈정거림이 오간다.
- 참여자들이 이런 의견을 말한다. "저건 별 신통치도 않은 일이잖아요!"
- 사람들의 질문이 이런 식이다. "왜 저 사람 말을 듣나요? 잘 알지도 못하는데."
- 몇몇 사람이 해답을 가지고 있다고 믿는다. 하지만 그들이 우수한 결과를 가지고 있는지에 대한 평가는 없다.
- 아니면 상사에게 모든 것을 떠넘기려 한다. "상사가 연봉을 많이 받잖아요. 그러니 그가 해결책을 내놔야지요."

이런 행동 패턴이 어떤 조직에는 깊이 스며들어 있고 제거하기도 매우 어렵다.

워크숍 기본 가정은 각 참여자의 경청과 존중을 요구한다. 그것은 더욱 참여적이고 포용적인 워크숍 환경을 조성하는 핵심 요소다. 워크숍에서 당신은 가장 식상한 아이디어든 가장 엉뚱한 아이디어든 상관없이 모든 아이디어를 똑같은 방식으로 존중한다. 당신이나 다른 사람들이 아이디어의 의미를 분명히 알지 못할 경우 당신은 명료하게 설명해 달라고 요청한다. 불분명한 채로 내버려두지 않는다. 당신은 누군가의 아이디어에 당신의 생각을 덧칠하기 보다는 참여자들이 직접 그들의 생각을 설명하게 한다. 즉 개인이나 그룹의 아이디어에 대해 누군가가 원하는 의미가 아니라, 발제자가 아이디어를 통해 의미한 것이 무엇인지 묻는다. 이 활동 가정들은 우리가 하는 모든 것에 대한 가정으로 수용되는 경우에만 도움이 된다.

워크숍의 기본 가정들을 하나씩 살펴보자.

1. 모두에게 지혜가 있다.

이것은 사람들이 말하는 모든 것이 지혜롭다는 의미가 아니라, 우리가 귀를 기울이면 그 이면에 있는 지혜를 찾을 수 있다는 의미다. 일반적인 가정은 나만 또는 전문가들만이 지혜를 갖고 있다는 것이다. 이는 현명함과 유식함을 한쪽에 두고, 멍청함과 무식을 그 반대쪽에 두는 이원론을 만든다. 오늘날 우리는 전문가의 목소리가 몹시 필요한 때가 있지만, 절대 그것이 참여자의 목소리를 대신하게 할 수 없다는 것을 알고 있다. 모두에게 지혜가 있다는 것을 인정할 때, 우리는 타인의 말을 더욱 경청할 수 있고, 그들의 시각이 우리의 것만큼 가치 있다는 것을 알게 된다. 우리는 다른 사람의 말을 냉정하고 비판적으로 분석하는 것에서 벗어나 모든 의견이나 아이디어에 대해 탐구하는 마음을 갖는 변화를 겪는다. 그리하여 우리는 어떻게 각각의 아이디어가 전체 그림에 기여하는 지를 보기 시작한다. 난제는 그렇게 된다는 사실을 믿는 것이다.

2. 가장 현명한 결과를 얻기 위해서는 모든 이의 지혜가 필요하다.

다이아몬드에 커팅된 면이 많을수록 더 가치 있는 것처럼, 우리가 생각해낸 것은 더 많은 면을 탐구하고 설명할수록 가치를 더할 것이다. 이는 사람마다 중요한 요점을 가지고 있음을 인식하고, 모든 참여자들의 의견을 경청하는 것을 매우 중요하게 만든다. 달리 말하면, 참여자마다 퍼즐 한 조각을 갖고 있다는 것이다. 그래서 대화를 독점하려는 사람을 제지하는 것이 중요하다. 참여는 워크숍의 결과에 대해 주인의식을 갖게 한다. 이는 각자 아이디어를 명확하게 말할 수 있도록 개인적으로 생각하고 아이디어 목록을 만드는 데 시간을 주는 이유이기도 하다.

전체적인 시각은 개별적 시각을 모두 살펴봄으로써 얻어진다. 워크숍은 논쟁이 아니다. 그 일은 분석이 아니라 탐구와 통합이다.

3. 틀린 답은 없다.

표면적으로 틀린 답처럼 여겨질 수 있는 것의 이면에는 지혜가 있다. 물론, 옳은 답도 당연히 없다. 단지 주어진 한계에서 우리가 생각해낼 수 있는 최선이 있을 뿐이다. 워크숍에서 어느 참가자가 이 가정에 대해 주장을 펼쳤다. "그건 옳지 않아요. 틀린 답은 있어요." 퍼실리테이터가 몹시 동의하며 말했다. "그 말도 틀리지 않아요." 어떤 답에도, 특히 틀렸다고 여겨지는 답에서도 당신은 다른 사람의 아이디어 이면에 있는 통찰과 경험을 추구해야 한다. 자신의 아이디어가 받아들여진 사람들은 더욱 기꺼이 경청하고, 쟁점이나 주제에 대한 그룹의 이해에 따라 자신의 생각이 변화하게 한다.

또한 경청의 기술을 사람들에게 알려주는 것도 도움이 될 수 있다. 다른 참여자로부터 '실수'나 '어리석은 의견'을 찾으려 하지 말고, 다음에 어떤 말이 이어질지 호기심을 가지고 들어보라고 권하라. 이를 통해 다른 사람의 말에서 동의하지 않는 점을 찾기보다 지혜를 들을 수 있게 된다. 적극적인 경청을 통해 그들은 질문을 제기할 수 있으며 색다른 의견이나 아이디어 이면에 있는 통찰을 찾을 수 있다. 심지어 농담조차도 그 안에 지혜가 담겨있다.

기본적으로 진정한 경청은 퍼실리테이터와 참여자들이 모든 아이디어를 똑같이 진지하게 대하게 한다. 어떤 통찰이라도 초점 질문에 대한 매우 성공적인 해답의 요체로 변할 수도 있기 때문에, 어떤 아이디어도 무용지물로 치부될 수 없다.

4. 전체는 부분의 합보다 크다.

이 가정은 진부하게 들린다. 그러나 합의는 어느 참여자의 관점과도 일치하지 않지만 다수의 지혜를 포함하는 더 큰 해답을 만들어낸다. (다이아몬드 이미지를 다시 떠올려 보라.) 타협은 부분들의 합보다 더 작아 보일 수 있고, 합의는 더 커 보일 수 있다. 예를 들어, 그림 퍼즐은 퍼즐 조각의 합이자 관계다. 당신은 파란 조각들을 모두 가져다가 쌓아놓고 '파란 조각'이라 이름 붙이고 나서, 다른 모든 색깔에도 똑같이 할 수 있을 것이다. 그러나 이는 단지 부분의 합일뿐이고 아무 것도 만들어지지 않았으며, 잘 된 분류일 뿐이다. 당신이 파란 조각을 모두 가져다가 그것들이 어떻게 서로 들어맞을지 본다면, 즉 데이터의 내용뿐만 아니라 상호관계도 보게 된다면, '하늘'이나 '파란 자동차'를 찾아낼 것이다. 이 그림은 단지 비슷한 조각 더미보다는 훨씬 더 많은 것을 전달한다.

아이디어도 마찬가지이다. 다음의 초점 질문으로 가족 워크숍을 한다고 해보자. "집을 살 때 내가 고수해야 할 가치는 무엇인가?" 나는 다른 응답들 중에서도 정원과 강아지, 스케이트보드용 연석을 고른다. 단지 여러 더미로 분류하는 것은 물리적 공간 범주에 정원과 연석을 포함시키겠지만, 그것은 초점 질문에 답이 되지 않을 뿐더러 나는 어떤 새로운 통찰도 얻지 못한다. 내가 강아지, 정원, 연석[7]이라고 적힌 카드들을 모은다

---

7) 차도와 인도, 또는 차도와 가로수 사이의 경계가 되는 돌. 역주

면, 더 깊은 가치가 '도심의 열린 공간'이라는 것을 알게 된다. 그 아이디어는 카드에 있는 데이터의 합보다 더 크다. 제목이 쥐고 있는 통찰은 내용뿐만 아니라 데이터 사이의 관계에 대한 결과이며, 이는 초점 질문에 대한 답을 해준다. 모든 아이디어의 이면에는 관계가 드러날 때까지 단어를 통해서는 언급되지 않는 더 큰 그림이 있다.

5. 모두가 듣고 말할 기회를 갖는다.

참여자들은 듣고 또 말하기를 원한다. 그것은 자신의 지혜를 내놓는 것뿐만 아니라 타인에게 귀를 기울이는 것을 의미한다. 참여자들이 너무나도 간절히 자신의 의견을 말하거나 반박하고 싶은 나머지 다른 사람의 말에 끼어드는 것은 아주 일반적인 일이다. 그런 행동이 동료에게 모욕감을 주고 그룹에게서 완전한 통찰을 박탈한다는 생각도 못하고 말이다. 이런 추정은 '가장 현명한 결과를 얻기 위해서는 모두의 지혜가 필요하다'는 말을 상기시킨다.

또한 우리는 아이디어의 앞부분만 듣고 처음 열 단어로 그 아이디어를 판단하려는 경향이 있다. 모든 것을 들어야 한다는 가정은 우리에게 전체 아이디어를 경청하도록 한다. 그리고 이는 특히 기본적으로 유사한 아이디어를 연결해가는 범주 과정에 도움이 된다.

6장. 브레인스토밍: 그룹 아이디어 도출

브레인스토밍의 질은 개인이 자신의 생각에 임하는 진지함에 따라 결정된다.

테리 D. 버그달Terry D. Bergdall

브레인스토밍의 개요

브레인스토밍은 워크숍 프로세스의 두 번째 단계다. 브레인스토밍 단계의 취지는 주어진 시간 내에 초점 질문에 대한 가능한 한 많은 응답을 모으는 것이다. 이번 장에서는 브레인스토밍의 단계를 두 가지 방법으로 설명할 것이다.

1. 카드 이용
2. 플립차트 이용

퍼실리테이터는 얼마나 많은 아이디어가 필요한지에 대한 일반적인 감각이 필요하다. 어떤 상황에서는 몇 개의 아이디어만 필요한 반면, 다른 상황에서는 광범위한 가능성을 충분히 탐구해야 한다. 참여자들은 때때로, 특히 창의성을 추구하는 경우에 가능한 한 많은 아이디어를 떠올려야 한다. 종종 창의적이고 획기적인 아이디어는 너무 뻔한 아이디어가 모두 나온 후에야 등장한다.

변화를 만들고자 한다면 그룹은 아이디어를 처리해야 한다. 다음에서 보듯이, 워크숍 아이디어는 몇 가지 방법으로 처리된다.

· 개인별 명료화
· 유사한 아이디어의 비교 및 대조를 통한 소규모 팀별 명료화
· 아이디어를 큰 범주에 관련짓는 분류하기 단계

・초점 질문에 답하는 통찰을 추구하는 이름짓기 단계

이 책에서 이야기하고 있는 브레인스토밍은 다른 종류의 브레인스토밍과 큰 차이가 있다. 컨설턴트에게 이용되는 일반적인 유형의 브레인스토밍은 가능한 한 많은 아이디어를 만들어낸 다음 가장 창의적인 아이디어를 선택한다. 관심의 대상은 창의성이다. 가장 좋은 아이디어만 취하고 나머지는 버린다.

ICA의 브레인스토밍은 모든 아이디어와 관점을 끌어내는 것에 관련된다. 이에 내재된 가치는 바로 사람들에 대한 존중이다. 비록 가능한 한 많은 창의성을 필요로 할지라도, 추구하는 가치는 창의성이 아니다. 더 중요한 것은 많은 아이디어를 끌어내고 각자의 관점이 다른 이들에 의해 경청되는 것이다.

컨센서스 워크숍의 각 주요 단계들과 마찬가지로 다음을 위한 도입하기에 적절한 시간을 할애해야 한다.
・무엇이 요구되는지 분명하게 하기
・사람들이 자유롭게 발언하게 하기
・실수와 함정 피하기
・참여자들이 각자의 아이디어를 가지고 있다는 것을 보장하기
・양질의 아이디어 구하기
・사람들이 자유롭게 발언할 안전한 환경 마련하기

이것이 실제 상황에서 의미하는 것은 퍼실리테이터가 각 단계와 절차의 도입하기에 생각보다 더 많은 시간을 할애해야 한다는 것이다.

하지만 이렇게 도입하기를 강조하면 성과가 따른다. 사람들이 프로세스를 이해하고 어디로 갈지 알고 있다고 느끼는 경우, 그들은 프로그램을 더욱 편하게 느낀다. 이런 환경에서 그들은 더 잘 해낸다.

절차별 세부 내용

이제 브레인스토밍 단계의 절차들을 알아보자.

2부의 기법을 다루는 장들에서 컨센서스 워크숍의 주요 5단계에 대해 '단계'라는 용어를 사용하고, 5단계의 하위 단계에 대해서는 '절차'라는 용어를 사용할 것이다. 따라서 브레인스토밍에서 처음 할 일은 절차1이라 칭한다.

절차 1: 질문 던지기

당신이 할 말

"초점 질문을 다시 말씀 드리면, '기업 미션의 핵심 요소는 무엇인가'입니다"

 힌트

1. 이 절차의 참고 사항은 5장의 절차9에 있다.
2. 그룹에게 참고가 되도록 워크숍 내내 초점 질문을 볼 수 있는 자리에 붙여 둔다.

절차 2: 브레인스토밍 씨앗 뿌리기

1. 워밍업은 살아가면서 많은 일의 전제조건으로 여겨진다. 차가운 브레인스 토밍으로는 창의적인 아이디어를 많이 생산해낼 수 없을 것이다. 이는 자동 차나 보트의 엔진이 차가울 때 출발하려는 것과 같다. 브레인스토밍의 경우 에는 일종의 정신적인 워밍업이 필요하다. 가능하면 회의 전에 질문과 전후 맥락을 참가자들에게 제공하여, 회의실에 도착하기 전에 그들의 아이디어를 정리할 수 있도록 한다.

2. 개인적인 준비와 개별적으로 생각할 시간은 그룹에 나오는 아이디어의 양과 질을 향상시킨다.

절차

다른 아이디어를 촉발시키기 위해 적절한 응답의 몇 가지 예를 제공한다. 이것은 그룹의 펌프에 마중물을 붓는 일이다.

당신이 할 말

"이제 이 질문에 대해 일반적인 답은 생각해내지 않도록 합니다. 폭넓게, 엉뚱하게 생각해보세요. 검증된 아이디어도 물론 좋지만, 틀 밖에서도 생각해보세요. 여러분의 아이디어는 서술적이어야 합니다. 한 단어 이상, 한 문장 이하로 적어주세요."

 힌트

창의적인 아이디어를 자극하기 위해, 간단한 집중 대화를 하거나 "~라면 어떨까?" 라는 질문을 몇 가지 던진다. "기업 미션의 핵심 요소는 무엇인가?" 라는 질문에 대해, 다음과 같은 "~라면 어떨까?" 보충 질문을 덧붙인다.

· 당신이 어느 외국인에게 기업의 미션을 설명해 달라는 요청을 받는다면?

- 당신이 이루고 싶은 사회에 영향을 미칠 수 있다면?
- 당신이 단 두 가지 요점만 선택해야 한다면?
- 당신이 열두 가지 요점을 만들 수 있다면?

참여자들에게 엉뚱하고 심지어 기상천외한 아이디어가 환영받는다고 말하는 것은 사회적인 억제를 감소시키고 그들의 창의성이 더욱 발휘되도록 해준다. 브레인스토밍에서는 자신의 아이디어가 평가나 판정을 받지 않는다는 점을 사람들이 아는 것이 중요하다.

퍼실리테이터 마우린 젠킨스Maureen Jenkins는 에드워드 드 보노Edward de Bono의 여섯 가지 사고의 모자 (드보노의 저서 「여섯 색깔 모자Six Thinking Hats」 에 나오는 기법)를 브레인스토밍의 워밍업에 이용한다. 그녀는 여섯 모자와 같은 색을 각 면에 칠한 주사위를 활용한다. 그녀는 여섯 모자 각각에 대해 역할 등의 배경을 지어낸다. 예를 들어, 노란 모자는 야간 근무자, 빨간 모자는 CEO, 파란 모자는 십대 소비자 등으로 정하는 것이다. 그녀는 초점 질문을 다시 설명한다. 그 다음 각자 주사위를 흔들어 나온 면의 역할을 읽고 해당하는 모자를 쓰고 그 시각에서 떠오르는 것을 말한다. 모자 중에 빠진 것이 있으면, 그 남은 모자에 대한 아이디어를 제안할 지원자를 요청한다. 이 장치는 참여자들이 자신의 일상적인 역할에서 벗어나 생각하게 한다.

더 큰 그룹에서는 사람들에게 다른 역할이 되어보라고 한다. 만약 그들이 회사의 소유주거나, 주주이거나, 우편물실 직원이라면 무엇을 할 것인지 묻는다.

물론, 이 아이디어들은 퍼실리테이터의 머리에서 저절로 튀어나오지 않는다.

당신이 도입하기와 설명에 관한 작업을 하는 데 나름의 준비는 필수적이다. (10
장의 준비와 설계를 보라.)

절차 3: 개인적으로 생각할 시간 주기

절차

개인적인 작업 시간은 매우 중요하다. 양질의 아이디어를 위해서는 즉각적인 사고를
넘어서 각자 자신의 아이디어를 떠올릴 시간을 가져야 한다. 전체 그룹에게 질문을 시
작하기 전에 자신의 아이디어를 혼자 정리할 수 있도록 참여자들에게 약간의 조용한 시
간을 준다.

당신이 할 말

"초점 질문에 대한 여러분의 답을 개인적으로 브레인스토밍하도록 3~4분을 줄 겁니
다. 6~10가지 다양한 응답을 생각해내면 됩니다. 아이디어가 정확한지의 여부는 걱정하
지 마세요. 그저 여러분의 생각이 흘러가게 두십시오."

 힌트

1. 어떤 참가자들은 "저는 시간이 필요 없어요. 무슨 말을 할지 알고 있으니까
요."라고 말할 것이다. 또 다른 사람들은 종이에 적을 때까지 자신이 무슨 말
을 할지 모르기도 한다. 그들은 말하기 전에 생각해야 한다. 어떤 그룹은 매
우 다양한 인지 방식을 가진 구성원들로 구성된다. 뭐라고 답할지 생각할 시
간을 주는 것은 모두를 공정한 경쟁의 장에 참여하게 한다. 참여자들은 다른
사람의 말에 단순히 반응하기 보다는 자신의 아이디어에 집중할 수 있다. 연

구에 따르면 이 단순한 단계가 생각의 범위를 증가시키고 사람들이 더 많은 아이디어를 떠올리게 할 수 있다.

2. 보통 2~3분이면 충분하다. 머리가 빠르게 돌아가는 사람들은 열 가지 아이디어를 떠올리는 데 단 30초면 된다. 다른 사람들은 3분 혹은 그 이상이 필요할 것이다. 퍼실리테이터는 시간이 더 필요한 사람이 누구인지 참여자들을 살펴봐야 한다.

3. 어떤 사람들은 자기 내부에 있는 아이디어 검열자의 존재를 쫓아버려야 할 수도 있다. 퍼실리테이터는 다음과 같은 말로 도와줄 수 있다. "여러분 머릿속에 여러분의 아이디어를 검열하고 싶어 하는 작은 목소리가 있을 겁니다. 그 목소리에게 가서 커피나 한 잔 하라고 말하세요. 여기서 핵심은 여러분 머릿속에 지나가는 모든 것을 받아 적음으로써 초점 질문에 답하는 것입니다. 그리고 계속 쓰십시오."

4. 글을 쓰지 못하는 사람들과 작업할 경우, 목록을 적으라고 하는 대신 아이디어를 그림으로 그리거나 또는 머릿속에 목록을 만들고 기억하라고 제안할 수 있다.

절차 4: 자신의 최고의 아이디어 선택하기

절차

이것은 아이디어의 질에 관련된 단계다. 그것은 최상의 생각이 혼합되는 것을 보장한다. 퍼실리테이터는 참여자들에게 그들의 아이디어가 결국 모두 요구될 것이라는 점을 확실히 한다. 이 단계로 인해 참여자들은 그들의 최고의 아이디어를 제공하게 된다.

당신이 할 말

"브레인스토밍을 마치면, 목록을 다시 살펴보고 최고의 아이디어 세 가지 옆에 별표 표시를 하세요."

 힌트

1. '자신의 최고의 아이디어를 선택하라'는 지시에 대해 항상 이렇게 묻는 사람이 있다. "그런데 최고라는 게 무슨 의미인가요?" 이를 방지하기 위해, 당신은 방향을 제시해 줄 수 있다. "최고의 아이디어 세 가지 옆에 별표를 치세요. 하지만 무엇이 최고의 아이디어인지는 여러분이 정의합니다." 당신은 매우 좋은 아이디어를 걸러내길 원하지 않는다. 최고의 아이디어는 참여자들이 스스로 선택하게 한다.

2. 또 다른 일반적인 질문이 있다. "도대체 왜 별표를 표시하게 하는 건가요? 왜 사람들이 적은 걸 모두 받아 벽에 붙이지 않는 거지요?" 우선 별표를 침으로써 참여자들은 브레인스토밍의 자유로운 흐름을 다시 살펴보고 팀에서 말할 것을 결정하게 된다. 이는 수줍어 하는 사람이 할 말을 이미 결정했다는 것을 의미한다. 또한 이를 통해 각자 자신이 최고의 아이디어라고 생각하는 것으로 프로세스를 시작할 수 있다. 이 프로세스는 아이디어에 대한 두 번째 성찰이다. 개인적인 브레인스토밍을 할 때, 또는 팀에서 감정 실린 문제에 대해 이야기할 때 매우 거친 내용을 내놓는 사람들도 있다. 최고의 아이디어를 요구하는 것은 그들이 자신의 생각에 집중하는 데 도움이 된다.

절차 5: 팀 브레인스토밍

절차

그룹을 몇 개의 팀으로 나눈다. 거기서 참여자들은 각자의 아이디어에 대해 논의할 것이다.

당신이 할 말

1. "여러분이 아이디어를 공유할 수 있도록 여러 팀으로 나누겠습니다. 여러분들은 팀원들의 아이디어에서 많은 유사점을 찾게 될 겁니다. 팀 안에서 아이디어들 간의 중복된 부분은 제거하되 다양성은 유지하십시오. 우선 별표 친 아이디어를 소리 내어 읽은 다음 나머지 아이디어로 넘어갑니다."

2. "마지막에 각 팀으로부터 6~8가지 아이디어를 요청할 겁니다."

3. "여러분에게 빈 카드와 마커를 줄 겁니다. 각 카드에 한 가지 아이디어를 적으세요. 큰 글씨로 써서 회의실 뒤쪽에서도 읽을 수 있도록 하세요. 4~6개의 단어로 아이디어를 기술하세요. 한 단어만으로는 쓰지 마세요. 한 단어는 여러 가지 다른 의미를 가질 수 있습니다. 간단명료하게 기술하세요."

4. "팀에게 15분을 줄 겁니다."

5. "여러분을 팀으로 나누고 나서 각 팀이 작업할 자리를 말씀드리겠습니다."

참여자들을 팀으로 나누고 팀별 토의를 시작한다.

"각 팀은 모든 아이디어에 대해 토의하고 가장 분명한 아이디어 몇 가지를 선택하세요. 중복된 것은 제거하지만 관점의 다양성은 존중하세요."라고 설명한다. (최선의 결과를 얻으려면 그룹 전체에서 총 35~60개의 카드를 모은다.)

 힌트

1. 이 예비 팀 작업을 통해 실제 토론이 일어날 수 있는 수준에서 아이디어를 토의하고 여과하게 된다. 이 팀 작업은 양질의 데이터를 보장하는 데 결정적이다. 이 작업은 그룹과 아이디어를 공유하는 데 중압감을 느끼는 소심한 사람들의 참여를 독려한다.

2. 아이디어를 공유할 때, 팀들은 별표 친 아이디어에만 선택을 제한하지 않는다. 별표 친 아이디어부터 시작해서 목록의 나머지 아이디어도 활용하도록 한다.

3. 10~20명의 사람들이 있다면, 한 팀은 대개 2~3명으로 구성한다. 실제로 세 사람이 더 낫다. 3명의 팀에서는 아이디어 제공자가 누구인지 더 알기 어렵기 때문에 안전한 느낌을 조성한다. 또한 3명의 팀에서 더 다양한 아이디어를 얻을 수 있다.

4. 20~60명의 대규모 그룹은 5~10명으로 된 팀이 필요할 것이다. 여기서 퍼실리테이터는 각 팀에서 사람을 뽑아 리더로 지명하고 그들에게 팀을 이끄는 간단한 절차를 알려준다. (14장 다양한 규모의 그룹에 컨센서스 워크숍 기법 활용을 보라.)

5. 모든 단계에서 다양성을 유지하는 것이 중요하다. 팀을 할당할 때 팀 내의 다양성을 보장하기 위해 약간의 시간을 들인다. 예를 들어, 작은 조직의 모든

구성원이 기획팀 소속이라면, 관리, 고객서비스, 마케팅, 경비 등에 이르기까지 다양한 사람들을 각 팀에 섞는 것이 중요하다. 남자와 여자, 다른 배경을 가진 사람들을 팀에 분산시키는 것은 각 팀을 풍요롭게 할 것이다. 팀을 구성하는 방식이 결과물의 질을 보장해준다.

6. 당신이 팀에게 선택하라고 한 아이디어의 수는 그룹의 규모와 팀의 수에 달려있다. 최선의 결과를 위해서는 전체 그룹으로부터 총 35~60개의 카드가 필요하다. 당신이 원하는 카드의 총 수를 팀 수로 나누어라. 당신이 다섯 팀으로부터 40개의 카드를 원한다면, 각 팀은 7~9개 카드를 제출해야 한다. 많은 아이디어를 제공하는 그룹도 있고, 적게 제공하는 그룹도 있다. 충분하지만 너무 많지 않은 카드로 마무리 짓는 것이 핵심이다.

절차 6: 팀별 아이디어 선택

절차

각 팀은 그룹과 공유할 아이디어를 몇 가지 선택한다.

당신이 할 말

"다음으로 우리는 카드에 적을 아이디어를 고를 겁니다. 각 팀에서 무작위로 7~9가지 서로 다른 아이디어를 얻고자 합니다. 우리는 아이디어의 체계나 추상적인 목록이 아닌 특정한 것이나 행동을 찾고 있습니다."

"여러분의 선택을 별표 친 아이디어에만 국한시키지 마세요. 그 아이디어부터 시작해서 필요하다면 목록의 나머지 아이디어도 활용하세요."

힌트

1. 각 팀에게 카드를 너무 적게, 또는 너무 많이 주지 않는다. 대개 8~10개의 카드가 적절하며, 6개는 아이디어의 질을 제한할 수 있다. 15~20개의 카드를 주면, 그들은 데이터 속에 허우적거리느라 너무 많은 시간을 허비할 것이다.

2. 간혹 주제로 연결된 일련의 아이디어를 원하는 팀도 있다. 그것은 함정이다. 그룹이 아이디어를 내는 시간이 돌아오면, 그 팀의 사람들은 "이 아이디어들은 한꺼번에 가져가야 해요."라고 말할 것이기 때문이다. 이는 분류하기 과정을 망쳐버릴 것이다. 아이디어 선택의 무작위성을 강조하는 것이 중요하다.

3. 팀이 작업을 하고 있을 때는 워크숍 퍼실리테이터가 커피 한 잔 하러 회의실을 떠나도 되는 시간이 아니다. 당신은 팀을 지켜보며 모두가 참여하고 한사람씩 차례로 발언하고 있는지 확인해야 한다. 작은 팀이라도 생각이 빠른 사람이나 말이 빠른 사람이 팀을 지배하면서 소심한 사람의 창의성을 말의 홍수 속에 빠뜨리는 일이 무척 쉽게 일어난다.

4. 각 팀의 작업 과정을 지켜본다.
· 하나의 아이디어에 머무르지 않고 모든 아이디어를 돌아가며 토론하는지 지켜본다.
· 한 단어 이상을 이용해서 카드에 아이디어를 옮겨 적는지 지켜본다.
· 남아 있는 시간을 알려준다.
· 한 사람이 대화를 지배하고 있는지 살펴본다.

절차 7: 팀별 최고의 아이디어 카드에 적기

절차

팀은 그들의 최고의 아이디어를 각각 카드에 적는다.

당신이 할 말

"각 팀은 최고의 아이디어를 카드에 적을 겁니다. 각 카드에 아이디어를 딱 하나씩만 쓰는 것이 중요합니다. 여러분의 답을 카드에 크고 굵은 글씨체로 쓰세요."

그 다음 예를 보여준다.

"여러분이 참고할 수 있도록 '크고 굵은 글씨체'와 '카드 당 아이디어 하나'라고 적힌 이 카드 두 장을 벽에 붙일 겁니다."

 힌트

1. 퍼실리테이터는 회의실 뒤쪽에 있는 사람들도 볼 수 있도록 크고 굵은 글씨체를 강조한다.

2. 퍼실리테이터는 여기서 균형을 잡아야 한다. 그룹에게 모든 아이디어에 대해 토의할 시간을 충분히 주지만, 아이디어를 카드에 적을 시간도 확보해야 프로세스가 계속 진행될 수 있다.

3. 간혹 참여자들이 묻는다. "3~5개, 8~10개, 35~60개 … 왜 그렇게 카드 개수를 강조하나요? 왜 모든 참여자의 답을 다 벽에 붙이지 않는 거지요?" 경험상 모

든 것을 브레인스토밍 하는 것은 여러 날이 걸릴 수도 있고 나머지 워크숍 과
정의 기초가 되는 최초의 여과(가장 명확한 아이디어, 가장 열정적인 아이디
어)를 놓쳐버릴 수 있다. (이번 장 후반에 있는 '가능한 함정'을 보라.)

절차 8: 팀 발표 준비

팀 작업이 마무리되는 시점에서 사람들에게 팀별로 모여 앉아 테이블 위에 카드를 펼
쳐놓으라고 한다. 모두가 아이디어를 전부 볼 수 있게 한다.

플립차트를 이용한 브레인스토밍

소규모 워크숍에서는 참여자들이 데이터와 상호작용할 수 있도록 카드보다 플립차트
를 이용할 수 있다. 플립차트에 아이디어를 쓰는 것은 아이디어와 그 발언자를 분리한
다. 이제 각 아이디어는 모든 참여자의 것이다.

 힌트

쓰기

· 각 페이지는 제목으로 시작한다.
· 사람들이 말하는 것을 쓴다. 생각을 요약해야 한다면 허락을 구한다. 의미
  전달을 위해 완전한 문구나 키워드를 사용한다.
· 크고 굵은 글씨로 또박또박 쓴다. 회의실 뒤에서도 읽기 편하게 마커의 넓은
  면을 이용한다.

- 당신이 쓰는 것을 사람들이 읽기 쉽게, 천천히 쓴다. 그렇게 연습한다.
- 받아 쓸 때, 철자보다 의미가 중요하다는 점을 유념한다.

번호와 색

참고용으로 항목들에 차례로 번호를 매긴다. 이는 우선순위가 아니다. 한 페이지를 마치면 벽에 붙인다.

- 각 아이디어에 다른 색을 번갈아 쓰는 것은 가독성을 높일 수 있다. 2~3가지 이상의 색은 사용하지 않는다.
- 본문에는 검정, 파랑, 초록, 갈색, 보라 등의 강한 색깔을 사용하고, 강조하기 위해서는 빨강, 주황, 분홍, 노랑 등과 같은 가벼운 색깔을 쓴다. 일부 퍼실리테이터는 회의실 뒤에서도 읽기 쉽게 검은 색만 사용하기도 한다. 인쇄용으로는 밝은 색을 사용하지 않는다.

페이지 다루기

- 종이의 전체 폭을 쓰는 하나의 리스트가 사용하기 가장 편하다. 장점과 단점 같은 두 가지를 한 번에 브레인스토밍한다면 두 페이지를 나란히 놓는다.
- 여러 페이지를 다루고 벽에 붙이는 단순하고 효율적인 방법을 찾는다. 생각의 계속성을 위해 정돈된 방법으로 다수의 페이지를 게시한다.
- 워크숍 마지막에는 종이들을 순서대로 말아서 정리하고 정확한 문서화를 위해 라벨을 붙인다.

가능한 함정

플립차트 브레인스토밍 단계에서는 심각한 실수가 워크숍을 복잡하게 만들 수 있는 경우들이 있다.

1. 참여자가 실제로 말한 단어 선택을 바꾸는 것. 이는 참여자에게 모욕감을 안겨주고 그룹에게서 참여자의 실제 통찰을 빼앗아간다. 당신은 아이디어가 분명해지도록 바꾼다고 생각할 수도 있지만, 사실 그것은 의미를 바꾸는 것이다. 아이디어의 명료화가 필요하다면, 참여자에게 다시 말해달라고 한다.

2. 모두의 아이디어가 아닌, 퍼실리테이터에게 포착되는 아이디어만 목록에 오르는 것. 이는 당신을 프로세스의 봉사자라기보다는 심판이나 전문가로 만든다. 당신의 역할은 사람들의 의견 개진을 가능하게 하는 것이다.

3. 개인적으로 미리 생각할 시간을 건너뛰고 아이디어 목록을 만드는 것. 이는 생각할 시간이 더 필요한 사람의 참여를 차단하고 아이디어 브레인스토밍의 질을 떨어뜨린다.

4. 사람들이 "나는 새로운 아이디어가 없어요."라고 말하며 참여의 기회를 지나치도록 놔두는 것. 일단 한 참여자가 이런 말을 하면, 전염병처럼 번지는 경향이 있다. 참여자들이 개인 브레인스토밍 시간에 적었던 것이 무엇이든 읽을 때까지 밀어붙여야 한다. 종종 유사한 아이디어에 예기치 않은 진전이나 새로운 통찰이 있을 수 있다. 그것을 기다리라.

5. 모두가 말할 수 있도록 관리하지 않는 것. 모두의 목소리를 듣는 것은 도전이다. 일단 한 사람이 한번 말하고 나면 다시 말하는 것이 수월해진다. 컨센서스 워크숍 프로세스 초반에 모두의 목소리를 끌어내는 것은 조용한 사람이 다시 발언하는 것을 더

쉽게 만든다.

6. 각 아이디어가 의미하는 바를 이해하지 않고 지나가기. "거기에 대해 한 마디 더해 주시겠어요?"는 명료한 설명에 도움이 된다.

퍼실리테이터의 훈련된 데이터 명료화

퍼실리테이터의 기본적인 자세는 각 참여자가 제공할 진정한 지혜를 가지고 있다는 것이다. 벽에 있는 하나의 데이터는 무의미해 보일 수도 있지만, 당신이 명확성을 추구하자마자 항목 이면에 있는 통찰이 보이기 시작할지 모른다. 대개 처음에 볼 때보다 그 이면에 더 많은 것이 숨어있다. 아이디어가 명확하지 않거나 질문에 답하지 않거나 선동적이라면, 퍼실리테이터는 참여자에게 아이디어 이면에 있는 것을 명료히 설명해달라고 해야 한다.

어느 작은 지역사회의 공공 회의에서 한 남자가 고양이와 강아지를 모두 죽여버리자고 제안했다. 모두 말도 안 된다는 반응을 보였다. 퍼실리테이터는 성난 반응을 저지하고 그 남자에게 직접 설명해줄 것을 요청했다. 그는 자신이 정원사이고(모두들 그가 마을에서 가장 훌륭한 정원을 갖고 있다는 데 동의했다.) 담장이 좋은 이웃을 사귀는 데 방해가 되기 때문에 담장을 설치하지 않는다고 했다. 하지만 그는 자신의 정원을 파헤치는 개와 고양이에 진저리를 쳤다. 그래서 그의 해결책이 "몽땅 쏴 버리자고요." 였다. 모든 사람들이 그 의견의 요점을 파악했다. 퍼실리테이터가 계속 밀어붙이자 그의 통찰이 '지역의 정원 보살피기'라는 것이 드러났다.

따라서 데이터를 분명하게 하기 위해서는 질문의 배터리를 충전하고 그 모든 것을 다 스튜냄비 속에 집어넣는 것이 중요하다.

여기서 가정하는 것 중 하나는 참여자들이 그들의 문제를 다룰 지혜를 가지고 있다는 것이다. 너무 순진하게 굴지 마라. 어느 그룹이 자신의 일이나 지역사회를 다루고 있다면, 그 그룹이 문제를 알고 해결책을 만들어낼 지혜를 가지고 있을 가능성이 크다. 하지만 그 그룹이 인공두뇌학의 어떤 문제를 해결하려고 워크숍을 하고 있다면, 필요한 지혜가 테이블에 모인 사람들 사이에 존재하지 않을 공산이 크다. 브레인스토밍 프로세스는 때때로 필요한 관련 데이터를 모두 끌어들이는 연구를 포함한다. 어떤 브레인스토밍에 대해서는 변호사, 엔지니어, 컴퓨터 전문가, 건축가 등으로부터 전문화된 지식이 요구될 수도 있다. 운이 좋으면 전문가가 그 자리에 있거나 정보가 미리 수집될 수도 있다. 그러나 전문적인 의견이 없더라도 다른 관계자들의 경험은 존중되어야 한다. 전문가가 사람들의 참여를 차단하게 하지 말아야 한다.

7장. 분류하기: 혼돈으로부터의 질서

이 축복받은 시대, 그 암흑의 시간 속에

하늘에서 내리는 유성우

사실들… 그것은 의심되지 않는, 연결되지 않는 거짓을 말하네.

우리의 병을 치유하기에 충분한 지혜는

매일 실을 잣지만, 그 실을 엮어 천으로 짤

베틀은 존재하지 않네.

에드나 밀레이Edna St. Vincent Millay

분류하기의 개요

컨센서스 워크숍은 분석적인 프로세스가 아니라 탐구에 속하는 프로세스다. 탐구의 반대는 옹호다. 옹호자는 특정 시각을 변론하고 권고하고 추구한다. 옹호자는 하나의 입장이 옳다고 확신하고 그 입장을 지지할 사람들을 찾는다. 반면, 탐구자는 열린 마음으로 주제를 대하며 창의적이거나 실행 가능한 선택 또는 특정 문제에 대한 사실을 구하려 한다. 탐구는 새로운 영역을 개척하거나 기정사실에서 새로운 해석을 얻으려 한다.

탐구로서 컨센서스 워크숍은 아이디어들 간의 연관성을 보기 위해 직관과 연상의 힘을 자유롭게 활용하도록 한다. 그 연관성은 곧바로 분명하게 떠오르지는 않는다. 탐구는 데이터에 내재하는 통찰의 돌파구를 찾지만 이는 데이터 너머에 있다. 이것이 수년간 분류하기 및 이름짓기 프로세스에 대한 ICA의 명칭이 게슈탈팅gestalting이었던 이유다. 통찰의 돌파구는 수많은 조각의 데이터에서 비롯된다.

수많은 데이터 분류하기

그룹이 벽에 잔뜩 붙어있는 아이디어를 마주한 뒤에는 무슨 일이 어어질까? 작은 것에서 출발하고 가장 명확한 것부터 시작한다. 그 프로세스는 다음과 같다.

출발 지점은 참여자들 앞에 펼쳐진 카드에 있는 그들의 아이디어다.

절차별 세부 내용

절차 1: 도입하기

도입하기는 언제나 그렇듯이 매우 중요하다. 참여자들은 어디로 가고 있는지에 대한 이미지가 필요하다. 그러므로 당신은 이렇게 말한다.

"우리는 초점 질문에 대한 유사한 답을 기초로 이 카드들을 분류하여 벽에 붙일 겁니다. 그 다음 유사한 아이디어들의 묶음을 조금씩 더 모을 겁니다. 결국에 우리는 모든 카드를 범주로 배열하고 이름을 붙일 겁니다.

이 일을 라운드별로 할 겁니다. 먼저 우리는 가장 명확한 카드, 여러분이 가장 확신하는 카드, 그 다음 앞서 제출한 것과는 다른 카드를 차례로 고를 겁니다. 저는 각 팀에게 가장 명확한 카드를 가져오라고 할 겁니다. 저는 카드를 각각 크게 읽고 여러분에게 보여준 다음 벽에 붙일 겁니다. 그리고 나서 여러분이 가지고 있는 카드 중에서 가장 확신하는 카드를 내라고 할 겁니다. 그 카드들도 같은 방식으로 할 겁니다. 그 다음 저는 지금까지 나온 것과는 다른 카드들을 내라고 하고 그것들을 붙일 겁니다.

카드 작업이 진행되는 동안, 우리는 아이디어의 의미를 명확히 하기 위한 질문에 답할 겁니다. 아이디어를 낸 팀이 답을 할 겁니다. 이 때 특정 카드에 대한 논쟁이나 토론은 적절치 않습니다. 판정이나 편집에 해당하는 의견은 참여를 가로막습니다.

카드 작업을 보면서 이해되지 않는 것이 있으면, 혼자서 해석하려 하지 말고 바로 질문하세요. 질문은 방해가 아닙니다. 사실 그것은 모두를 위한 설명이 됩니다.

카드를 충분히 낸 다음 어울리는 짝을 찾고, 그 짝과 유사한 카드들을 모아 범주를 만들 겁니다. 각각의 짝은 범주의 시작이 될 겁니다. 네 쌍이 생기고 나면 범주에 다른 카드를 추가할 수 있습니다.

카드 열 맨 위에 동그라미, 더하기, 삼각형, 사각형, 무한대 등의 기호를 이용할 겁니다. 이 기호들은 그 자체로는 아무 의미가 없지만, 우리가 범주를 나누거나 꼬리표를 다는 것을 막아줍니다. 이 기호들을 사용함으로써 우리는 모든 아이디어가 범주에 포함되기 전에 너무 서둘러 범주에 이름을 붙이지 않게 됩니다.

기존 범주에 어울리는 카드를 보게 되면, '저 아이디어는 동그라미에 속해요'라고 말하세요. 그렇게 하면 제가 범주 자리를 쉽게 찾을 수 있습니다. 누가 '저건 동그라미 범주에 있어요'라고 하면, 여러분은 그 범주에 있는 모든 카드를 살펴보고 그 카드가 거기에 맞는지 볼 수 있습니다. 그런데 누가 범주에 있는 아이디어 하나를 골라 '저 아이디어는 마케팅 계획 카드와 같은 거예요'라고 하면, 그것은 여러분이 비교할 유일한 카드가 되고, 이는 우리의 범주를 제한합니다.

또한 우리가 추가하는 마지막 카드라도 그 범주에 대한 그룹의 이해를 바꿀 기회를 가지고 있다고 확신해야 합니다.

이상이 우리가 진행하게 될 프로세스입니다. 시작해봅시다."

 힌트

1. 퍼실리테이터는 세로 열이나 매트릭스, 또는 임의의 형태 등의 방식으로 분류하기의 형식을 선택한다.

2. 카드열은 표를 구성하거나 표의 일부가 될 수 있기 때문에, 퍼실리테이터가 일반적으로 선택하는 형식이다.

절차 2: 첫 번째 라운드

당신은 "각 팀은 가장 명확한 카드 두 장을 내세요." 또는 "여러분이 가장 강한 인상을 받은 두 장의 카드를 내세요."라고 말한 후, 받은 카드를 섞는다. 각 카드를 들어 그룹에게 보여준다. 그것을 큰 소리로 읽고 벽에 붙인다. 다른 카드를 무작위로 들고 읽는다.

 힌트

1. 카드를 모두 읽은 후에, 그룹에게 분명하지 않은 아이디어가 있으면 질문을 계속하라고 당부하는 것이 좋다. 예를 들어, 이렇게 말할 수 있을 것이다. "어떤 카드가 무슨 뜻인지 명확하지 않으면 질문하세요. 그 카드를 쓴 사람이 설명해줄 겁니다." 이는 그룹에게 명확함을 추구하고 질문을 제기하는 책임을 지운다.

2. 카드마다 "분명한가요?"라고 묻지 않는다.

3. 퍼실리테이터로서 당신이 카드의 의미를 확실히 모르겠다면 설명을 부탁한다. 어떤 카드가 왜 특정 범주에 추가되는지 이해되지 않으면 스스로의 이해와 명료화를 위해 질문한다. 데이터나 분류하기를 이해하지 못하는 퍼실리테이터는 더 이상 그룹을 도울 수 없다.

절차 3: 두 번째 라운드

"앞서 낸 것과는 아주 다른 카드 한두 장을 내세요."라고 말하라. 이것들을 무작위로 붙인다. 벽에 15~20장의 카드가 모일 때까지 계속한다. 범주에 맞지 않은 항목들은 벽 아래쪽에 범주와 떨어진 자리에 따로 남겨둘 수 있다.

절차 4: 카드 짝짓기

두 장의 카드가 초점 질문에 유사한 답(같은 쟁점이나 같은 접근)을 가리키면 짝을 이룬다.

짝짓기는 범주 형성의 첫 단계다. 15~20장의 카드를 벽에 붙인 후에 묻는다. "동일한 쟁점이나 요소, 문제, 특징 등을 가리키는 아이디어 쌍이 어디에 있나요?" 초점 질문을 이용하여 유사성의 유형을 분명하게 한다.

유사한 카드들을 모으고 그 옆에 기호를 붙인다.

그룹이 이 짝짓기에 동의하지 않으면, 동의하지 않는다고 하고 명료한 설명을 요청을 하라고 말한다.

처음 짝과 다르면서 둘 사이에 서로 유사한 카드 짝을 찾고, 범주 옆에 기호를 붙인다.

4~5개의 쌍을 만든 다음, 그 카드 쌍에 유사한 다른 카드들을 덧붙인다. 사람들이 어디로 분류할지 확신하지 못하는 카드는 그대로 남겨둔다.

참여자들에게 카드 그룹들을 기호로 분류하도록 요청한다. '경제 그룹'이나 '홍보 범주'처럼 어떤 선입견이 들어간 이름이나 제목은 삼가게 한다. 그런 이름은 카드열의 내용에 너무 성급한 편견을 갖게 한다. 카드열에 더 많은 카드가 모일수록 그것이 경제나 홍보에 대한 것이 아니라 보다 포괄적이고 완전히 다른 것으로 판명될 수도 있다. 범주에 나타나는 통찰이 성장하고 변화하게 두는 것이 중요하다.

 힌트

1. 4~5개의 카드 쌍을 만든다. 그러면 참여자들이 그때까지 내놓았던 카드들의 범위를 파악하기 시작할 수 있다. 모든 카드 사이의 관계를 보고 하나의 큰 범주를 만드는 것은 아주 쉽다. 짝을 지으면서 당신은 초점 질문에 대한 그룹의 응답에서 다양한 측면을 뽑아낸다.

2. 리더와 그룹은 범주에 선입견이 들어가지 않도록 해야 한다. 마지막에 각 범주는 초점 질문에 대한 답인 최종 결과물의 일부를 형성하게 된다. 당신이 범주 꼭대기에 기호를 붙여서 특정 이름에 한정하지 않고 각 카드열을 지칭할 수 있다. 카드가 모두 자리를 찾을 때까지 범주에 이름을 붙이지 않게 한다.

3. 특히 카드열에 있는 카드 중 하나로 카드열을 지칭하는 것을 피해야 한다. 이

것은 너무 성급하게 카드열에 이름을 붙이는 것과 같은 영향을 끼친다. 예를 들어, '사각형' 범주에 있는 한 카드가 '교육 과정 개편'이라고 하면, 그 카드열을 '교육 카드열'로 칭하는 것은 도움이 되지 않는다.

4. 분류하기에 대한 참여자들의 통찰이 퍼실리테이터인 당신과는 매우 다를 수도 있다는 점을 인식하는 것이 중요하다. 사람들이 왜 아이디어를 특정한 방식으로 분류하고 있는지를 머릿속으로 계속 따라가며 관찰한다.

5. 다음과 같은 접근에 기반한 범주는 피한다.
- 카드에 있는 것과 같은 단어에 의해 카드 분류하기. 카드의 한두 단어만이 아닌 아이디어 전체를 다룬다.
- 원인과 결과로 함께 카드 분류하기. (이런 일을 하면, 저런 일이 일어난다.)
- 일련의 행동처럼 보이기 때문에 차례로 카드 분류하기. (이것을 먼저 하고, 다음으로 저것, 그리고 저것을 한다.)

6. 어떤 카드가 한 개 이상의 범주에 속한다면, 각 위치에 가야 하는 이유를 묻는다. 이를 통해 참여자들은 드러나고 있는 범주와 아이디어를 이해할 수 있게 된다. 대개 하나의 범주는 아이디어를 놓는 자리로서 드러난다. 그렇지 않으면, 당신은 그 카드를 어느 범주에 더하는 것이 가장 좋을지 물어야 할 것이다. 똑같은 카드를 만들어서 양쪽 카드열에 붙여야 할 수도 있다.

7. 간혹 카드가 실제로 두 가지 아이디어를 포함하고 있을 때는 다시 작성해야 한다. 각각의 아이디어를 서로 다른 카드에 분리하여 적는다.

8. 기호는 아무 의미가 없다. 아이디어에 이름을 붙이지 않고 지칭할 수 있도록 범주에 기호를 표시한다. 모든 카드가 자리를 찾을 때까지 범주에 이름을 붙이지 않도록 한다.

절차 5: 세 번째 라운드

참여자들에게 남아 있는 카드를 검토하라고 말한다.

1. 기존의 범주기호와 유사한 범주가 확실하면 기호를 표시한다.

2. 유사하지 않는 카드는 표시를 하지 않는다.

기존 범주에 적합하거나 새로운 범주를 만들 수 있는 것이 있는지 살펴보기 위해 전 단계에서 했던 것처럼 나머지 카드를 분류한다.

 힌트

카드가 어디로 갈지 그룹이 결정하게 한다. 이것이 범주가 성장하고 변화할 수 있는 워크숍의 포인트다. 그룹은 중복을 줄일 수 있고 무엇을 할 지가 명확해진다.

절차 6: 네 번째 라운드

"남은 카드를 저에게 주세요." 라고 말한다. 각 팀의 지혜를 존중하면서 남은 카드들을 빠르게 범주에 붙인다. 카드들을 집어 들고 소리 내서 읽는다. 참여자들에게 명확하지 않은 것이 있으면 질문하라고 말한다. "카드가 다른 범주에 속한다고 생각하는 사람은 그렇다고 말하세요." 그런 다음 이에 대해 토의한다.

힌트

1. 절차 5에서 새로운 범주가 형성되면, 팀에게 남아 있는 카드를 다시 확인하게 하여, 새로운 범주에 들어갈 것이 있는지 살펴본다.

2. 여기서 주의할 점이 있다. 카드들이 범주에 자리를 잡은 후에 카드를 이리저리 옮기는 것은 위험하다. 카드를 옮겼을 때 그룹이 '아하'하는 반응을 일으키지 않고 다른 카드까지 옮겨야 한다면 말이다. 카드를 지나치게 많이 움직이는 것은 모든 것을 무너지게 할 수 있다. '왕의 모든 말과 모든 백성들[8]'이 다시는 통합에 이르지 못할 것이다.

3. 그룹 전체가 아이디어에 대한 결정을 스스로 내렸다는 인식을 갖도록 하는 것은 매우 중요하다. 어떤 퍼실리테이터는 그룹에게 그들의 카드에 표시를 하고 벽 앞으로 와서 그들이 적합하다고 여기는 위치에 카드를 붙이라고 한다. 이는 최선의 실행이 아니다. 참여자들이 전체를 놓치게 되며 카드의 위치 또한 그룹의 최선의 지혜의 인도를 받지 않기 때문이다. 그럼에도 불구하고, 당신이 그럴 필요가 있다고 판단할 수 있는 때가 있다.

4. 카드가 어디로 가야 하는지에 대해 의견이 일치하지 않는다면, 당신은 다음과 같은 질문을 할 수 있다.
   a. 저 카드에 어떤 의미가 담겨 있나요?
   b. 무엇을 생각하면서 이 카드를 적었나요?

---

8) 영미 동요 마더 구스(Mother Goose)에 있는 내용 중 일부이다. '험프티 덤프티(달걀 모양의 사람)가 벽 위에 앉아 있었네. 험프티 덤프티가 떨어져 와장창 부서졌네. 왕의 모든 말과 모든 백성들도 깨진 험프티 덤프티를 다시 되돌려 놓지는 못 한다네.' 역주

    c. 이 카드는 이쪽과 저쪽 중 어디에 더 필요할까요? 이 카드를 이쪽에 따로 두기 원하나요?

    d. 카드를 여기에 둔다면, 원래 이 카드가 의미했던 것을 우리가 이해하고 있는 건가요?

5. 카드가 한 그룹에서가 아니라 여러 그룹들에서 섞여 나온 것으로 보이도록 처음 두 라운드에서 카드들을 뒤섞고 크게 읽어준다.

6. 그룹 앞에서 카드를 들고 큰 소리로 읽는 것은 모든 참여자가 동시에 아이디어를 보고 듣게 만든다. 이는 시각보다 청각으로 인지하는 사람이 있고 그 반대의 사람도 있다는 것을 이해했다는 반증이다. 또한 카드의 아이디어가 수용되었고 이제 그룹 전체에 속하게 되었다는 뜻을 전달한다.

7. 처음에는 카드를 어깨보다 높은 위치에 붙여야 한다. 그래야 나중에 범주를 만들고 꼭대기에 이름을 덧붙일 공간이 생긴다. 카드를 보드 아래쪽이나 옆쪽에 붙일 수 있다. 핵심은 범주를 만들어가면서 카드를 빈번하게 옮기지 않도록 하는 것이다.

8. 당신이 만들 수 있는 범주의 수를 제한해야 한다. 6개에서 12개 사이의 범주가 적당하다. 하지만 한정된 범주 수에 맞춰 아이디어들을 억지로 넣지 않도록 한다.

9. 당신은 워크숍을 시작하기 전에 모든 기호를 벽의 머리 높이쯤에 나란히 붙여두고 싶어할 수 있다. 기호들이 항상 같은 순서로 자리하고 있으면, 워크숍

참여자들은 각 기호가 위치한 자리를 직관적으로 알 수 있다. 이는 카드를 배치하는 데 도움이 된다. 또한 당신이 그룹의 비언어적인 표현(머리를 끄덕이거나 흔들거나 빤히 쳐다보는 것 등)을 알아차리는 데도 도움이 된다.

10. '틀린 답은 없다'라는 당신의 수용 방침을 밝히는 것은 그룹이 아이디어의 표면적인 표현에 동감하지 않더라도 그 말 이면에 있는 지혜에 귀를 기울이도록 장려한다.

11. 오직 명료함을 위한 질문에 답한다. 아이디어를 카드에 작성한 팀이 그에 대한 질문에 답하게 한다. 이를 통해 원래 그 아이디어를 낸 사람의 익명이 보호된다. 예를 들어, 상사가 회의실 뒤에 앉아 있다가 어떤 아이디어를 보고 불쾌하게 생각할 수 있는 상황에서는 익명성이 중요하다.

12. 당신이나 다른 사람들이 판단이나 편집하는 말을 하는 것은 참여를 가로막는다. 당신이 어떤 사람이 의미한 바의 상당 부분을 이해하지 못한다면, 직접 아이디어를 해석하려고 애쓰기 보다는 질문하는 것이 중요하다.

13. 총 카드 수의 약 3분의 1은 분류하기 단계가 시작하기 전에 앞에 붙어있어야 한다. 카드에 있는 아이디어의 패턴을 볼 수 있으려면 대략 15~20개의 카드가 필요하다.

14. 그림17은 일반적으로 사용되는 기호를 보여준다.

15. 당신이 사용하는 기호들은 특별한 의미가 없다는 점을 그룹에게 분명히 해

둔다. 기호의 간접적인 의미는 사람들의 관심을 프로세스에서 다른 곳으로 돌리게 될 수 있다.

16. 보통 7~8개의 범주가 필요하므로 기호의 개수도 7~8개가 된다. 5개 이하면 제목이 너무 추상적이 된다. 범주 수가 9개를 넘으면 카드열은 구제불능으로 엉키기 시작한다. 7~8개 범주가 가장 일반적이다.

그림17. 게슈탈트 기호들

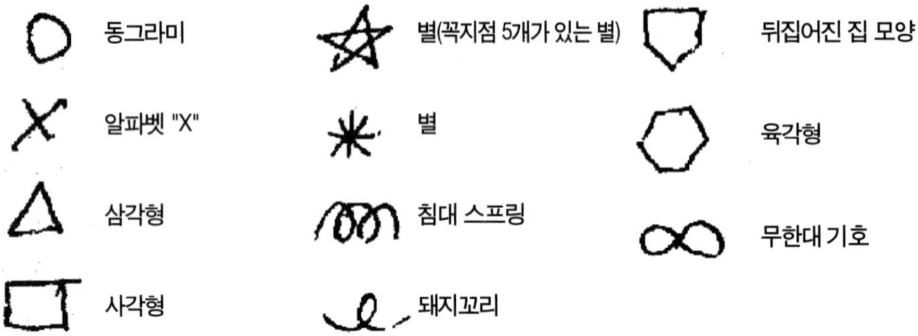

○	동그라미	☆	별(꼭지점 5개가 있는 별)	⬠	뒤집어진 집 모양
X	알파벳 "X"	✳	별	⬡	육각형
△	삼각형	〰	침대 스프링	∞	무한대 기호
▭	사각형	ℓ	돼지꼬리		

분류하기의 함정

1. 선택성

브레인스토밍은 아이디어를 무더기로 끌어내기 위한 일반적인 방법이다. 많은 그룹과 컨설턴트들이 그것을 활용한다. 이 기법의 독특성은 브레인스토밍이 끝난 후에 브레인스토밍 데이터에서 일어나는 활동에 있다. 일반적으로는 가장 최선이거나 가장 유망한 아이디어를 선택하는 것 또는 가치 순에 따라 브레인스토밍의 항목들의 등급을 매긴다. 선택되지 않은 신데렐라 항목은 어떻게 되는가? 그 아이디어를 제공한 사람들은 어떻게 되는가? 그들은 참여 무도회에서 춤을 추지 못하게 된다. 어쩌면 다음 기회에 춤출지도 모른다. 그러나 여기에서 설명하는 워크숍 접근법은 모든 데이터를 잡을 수 있다. 이것은 4~6개 단어 카드의 지혜다. 그것은 모든 것을 잡을 수 있다.

2. 범주화

컨설턴트는 일반적으로 경제, 정치, 문화, 교육, 건강, 공공서비스 등과 같은 미리 선택된 범주에 따라 브레인스토밍 한 항목들을 집어넣는다. 범주화는 사람들의 아이디어에서 독특성을 빼앗는다. 퍼실리테이터 에드워드 루에테Edward S. Ruete는 이 점을 날카롭게 지적했다.

> 내가 경험한 퍼실리테이터로서 최악의 순간들을 돌아보면, 까다로운 사람 대하기나 작업 도중의 계획 수정, 저조한 참여, 빠뜨린 자료 등 일반적인 악몽같은 일들이 아니었다. 명민하고 열정적인 팀의 창의적이고 다양한 작업을 미리 서둘러 정해놓은 범주에 끼워 맞추려 애쓸 때가 가장 괴로웠던 최악의 순간들이었다. 아이디어는 들어맞지 않고, 참여자들은 실망하고, 나는 이 프로젝트의 나머지 작업이 형편없이 진행될 것이라는 것을 알고 있었다. 우리가 작업할 범주는 진정한 범주가 아니었으며 그 범주에 잘 들

어맞는 아이디어가 없었기 때문이다. 나는 나 자신이 마치 퍼실리테이터로 가장한 사기꾼처럼 느껴졌지만 어쩔 수 없이 그룹을 일정한 프로세스로 이끌어갈 뿐이었다. 그것은 진정한 공동 작업의 결과를 내려고 하는 것이 아니었다.

나는 더 이상 이렇게 하지 않는다. 사전에 결정된 범주, 주요 '뼈대'가 4M(materials, maintenance, money, manpower)인 피쉬본(어골도) 도표, 세 가지 기간을 포함한 계획 연습, 기능별 부문에 기초한 프로세스 분석, 고 · 중 · 저 우선순위 등이 내 도구상자 안에 들어 있다. 그러나 그룹이 범주를 만드는데 도움이 될 수 있다고 여기기 전까지는 그것들을 상자 안에 그대로 둘 것이다.

3. 데이터를 '다루기 쉽게' 만드는 것

퍼실리테이터의 또 다른 경향은, 데이터가 많을 경우 그것을 다루기 쉬운 양이 되도록 잘라내는 것이다.

다음은 한 워크숍 주창자의 글이다.

정보는 다루기 쉬운 양이 되도록 어느 정도 줄여야 한다. 아이디어에 친숙하지 않은 사람들을 위해 그 아이디어를 요약할 형식을 알고 있어야 한다.

그 글을 읽자마자 나는 생각했다. "저런, 다시 생각해봐요." 정보를 처리하기 쉬운 양만큼 줄이는 것은 항상 생략된 부분에 대한 의문을 불러 일으킨다. 아이디어를 요약하는 것도 마찬가지다. ToP 접근법은 모든 데이터의 활용을 주장하며 전혀 생략하지 않는다. 자신의 값진 통찰이 편리함을 위해 생략되는 것을 본 불쌍한 참여자는 무슨 생각을 하겠는가?

4. 꼬리표 달기

범주가 아직 형성되고 있을 때, 어떤 참여자는 '관리 범주'나 '비전 범주'에 대해 자신 있게 말하기 시작한다. 모든 아이디어가 정리되기 전에 범주를 지칭하기 위해 그런 일시적인 이름을 사용한 것을 '꼬리표 달기'라고 한다. 일부 퍼실리테이터는 그것이 유용하다고 생각한다. 불리하게 작용하는 측면은 그것이 너무 성급하게 카드열에 대한 감각을 동결시킨다는 것이다. 결론으로 건너뛰는 것은 그룹의 지혜를 전혀 존중하지 않는 행위다. 통찰이 성장하거나 변화할 기회를 주지 않는다. 모든 카드가 정리될 때까지 범주를 기호로 지칭하는 것이 최선이다.

분류하기 원칙

모두가 같은 원칙으로 분류하기를 하는 것이 중요하다. 그렇지 않으면 혼란이 팽배하게 된다.

분류하기 원칙은 우리 일상생활에서도 엿볼 수 있다. 대개 누군가의 옷장만 열어 봐도 실행 중인 분류하기 원칙을 찾아볼 수 있다. 많은 옷들이 옷의 유형(슈트, 셔츠, 바지), 계절, 색상, 복장의 목적 등에 따라 분류되어 들어 있는 것이다.

그리고 당신의 옷을 분류할 방법은 그보다 더 많이 있을 것이다. 당신이 분류하기 원칙을 바꾸면 결과는 다르게 마무리 된다.

워크숍에서 분류하기 원칙이 무엇인지 아는 것은 중요하다. 그렇지 않으면 참여자에 따라 원인과 결과로, 동일한 지역에 있는 항목으로, 잘 어울리는 것으로 제각각 분류를 할 것이다.

분류의 길잡이는 바로 초점 질문이다. 이것은 당신이 실제로 무엇을 찾고 있는지 말해준다. 초점 질문은 토의의 이성적 목표 및 경험적 목표와 직접적으로 연결되어 있다. (10장 컨센서스 워크숍의 설계와 준비를 보라.)

따라서 워크숍을 준비하면서 자신에게 묻는다. "무엇에 따라 분류하기를 할까? 의도, 비전의 요소, 행동, 쟁점, 장비의 유형? 어느 것을 사용할까?"

우리는 대체로 평이한 하나의 분류하기 원칙 즉, 유사성과 함께 또 다른 원칙이 있다는 것을 알게 되었다. 그것은 깊은 의도를 가진 밀어붙이기와 잡아당기기다. 당신은 어느 부분에서 그룹을 밀어붙이고 있는지 알아야 한다. 워크숍을 진행하다 보면 어느 범주에도 적합하지 않은 카드 또는 몇몇 범주에 공통적으로 적합해 보이는 카드를 만나게 된다. 이때 당신이 어떤 원칙에 따라 분류할지를 준비했다면 당신은 팀이 어려움을 헤쳐 나갈 수 있도록 도울 방법을 알 수 있을 것이다.

사례:

비전 워크숍에서 전형적인 질문이 있다. "5년 후 회사가 어떻게 되기를 바랍니까?" 그런 다음 퍼실리데이터는 동일한 요소를 나타내는 비전 아이디어를 범주화한다. 좀 더 심도 있게 밀어붙여야 할 때는 "어느 항목이 유사한 의도를 가리키나요?" 라고 묻는다.

전략 방향 설정 워크숍에서 퍼실리데이터는 유사한 행동을 기준으로 매우 간단하게 아이디어를 범주화한다. 당신은 깊은 수준에서 추진력을 만들어내는 행동을 범주화하는 것이다. 이는 잡아당기기 쪽이다.

어떤 문제에 관한 모든 쟁점을 살펴본다면, 유사한 쟁점에 따라 분류한다. 깊은 수준에서 유사한 근본 원인에 따라 범주화한다. 즉, 쟁점 아래에서 일어나고 있는 것을 기준으로 분류하는 것이다.

따라서 모든 범주는 일관성 있게 만들어져야 한다. 워크숍의 분류하기 단계에 이르면 당신이 어떤 분류하기 원칙을 이용할지 참여자들에게 분명히 밝혀야 한다. 그런 다음 당신은 그들이 다른 원칙을 끌어들이지 않는지 매처럼 지켜보아야 한다. 사람들이 하는 말에 매우 주의 깊게 귀 기울인다. "우리가 이걸 하면, 그 다음엔..." 저런, 그것은 원인과 결과에 따라 모으는 예이다. 또는 "우리는 이 순서에 따라 이 일들을 해야 해요..."라는 말을 들으면, 그것은 순차적 행동에 따라 모으는 것이다.

퍼실리테이터에게 분류하기 프로세스는 많은 스텝으로 이루어진 춤이다. 명확성을 추구하면서도 프로세스를 계속 움직이고, 중립을 유지하면서도 양질의 결과를 얻기 위해 애쓰고, 참여를 가능하게 하고 확인하는 동시에 전체 그룹을 계속 추적하며, 이 모든 일을 하는 와중에서도 중심에서 평정을 유지하기 위해 노력한다.

8장. 이름짓기: 많은 아이디어로부터 하나의 컨셉 도출

단 하나도 머무르지 않고, 모든 것은 흘러간다.

조각과 조각이 달라붙고, 모든 것은 그렇게 자란다.

우리가 그것들을 알고 이름을 부를 때까지.

루크레티우스Lucretius

이름짓기의 개요

이 단계에서 아이디어 범주의 이름을 짓는다. 이 단계의 요체는 각 범주의 이름에 대한 그룹의 합의를 인식하고 일에 대한 주인의식을 발전시키기 위한 심도 있는 대화다. 퍼실리테이터로서 당신의 임무는 이름을 짓는 과정에서 그룹을 코칭하는 것이다. 범주의 모든 아이디어에 들어 있는 진정한 통찰을 끌어내는 것은 당신에게 달려 있다. 이것은 지혜의 진주를 찾기 위한 탐색이다.

이름짓기 절차는 상황에 따라 다르다. 당신은 전체 그룹이 각 범주에 이름을 붙일 시간이 충분한지, 팀별로 작업해야 하는지 등을 판단해야 한다. 후자의 경우, 팀이 작업을 시작하기 전에 적어도 한두 개의 범주를 가지고 이름짓기 과정을 보여주는 것이 좋다.

절차별 세부 내용

절차 1: 이름짓기 프로세스에 대한 도입하기

이렇게 말한다. "이제 우리는 각 범주에 이름을 붙일 겁니다. 가장 큰 범주부터 시작해서 다른 것으로 넘어 갈 겁니다. 우리가 범주에 부여할 이름은 카테고리(경제적 문제, 문화적 도전 등과 같은)가 아니고, 모든 아이디어에 숨겨진 통찰을 갖고 있는 초점 질문에 대한 해답입니다. 우리가 초점 질문을 서술문으로 바꿔놓으면, 범주 이름은 그 서술문을 완성합니다. 예를 들어, '전문 퍼실리테이터의 능력은...'으로 초점 질문이 서술된다고 해봅시다. 이름은 범주의 모든 아이디어 이면에 있는 개념을 기술하는 3~5 단어가 될 겁니다. '그룹의 비전을 인식하기'처럼 '형용사+명사+동사'의 식으로 단어를 조합해서 이름을 만듭니다."

도입하기를 통해 참여자들은 이 과정의 취지와 최종 결과를 기술하는 방법을 알게 된다.

절차 2: 모든 카드 읽기

카드열을 선택하고 말한다. "카드를 모두 크게 읽을 겁니다." 앞으로 가서 범주에 있는 각각의 카드를 읽는다.

참여자들이 스스로 카드를 읽을 거라고 생각하지 말라. 카드를 크게 읽는 것으로, 당신은 참여자들에게 시각적, 청각적 두 가지 방식으로 영향을 미친다. 또한 참여자들이 기억하는 것이나 그들의 주의를 끄는 것에만 국한되지 않고, 그룹이 범주의 모든 아이디어를 다루는 것을 확실히 하게 된다.

절차 3: 키워드에 주목하기

질문한다. "이 카드의 키워드는 무엇인가요?"

이 질문은 앞에 있는 데이터에 사람들을 다시 집중시킨다. 참여자들은 흔히 카드에 써 있는 것의 한 가지 면에만 집중하게 된다. 퍼실리테이터로서 당신은 데이터의 모든 측면을 확실히 포착해야 할 필요가 있다.

절차 4: 주요 아이디어의 단서에 주목하기

"범주에 있는 주요 아이디어의 단서는 무엇인가요?"

이제 데이터로부터 최초의 통합을 향해 움직이게 된다.

당신은 아마도 이 질문에 대해 몇 가지 다른 답을 받게 될 것이다. 이 단계에서 어떤 사람이 곧장 완벽한 이름을 말하고 참여자들은 '아하, 바로 그거야!'를 연발할 수도 있다. 그 경우에 절차 6으로 건너뛴다.

절차 5: 통찰 통합하기

"네, 그래서 이 범주는 무엇에 대한 것인가요?"

그룹에게 단서를 사용하여 모든 통찰을 제안된 이름으로 통합하도록 한다. 그룹이 딱 맞는 이름 하나를 퍼뜩 떠올릴 때까지 수많은 이름이 제안될 것이다. 당신은 그룹의 언어적 반응과 비언어적 신호(고개 끄덕이기 등)를 통해 딱 맞는 이름을 확인한다. (당신이 한 사람 이상 고개를 끄덕이는지 주시하고 있다고 참여자들에게 알려주면 대개의 경우 도움이 된다.)

아이디어를 여러 각도에서 생각해야 한다고 그룹에게 말한다. 우리는 결승선을 향해 달려가고 있는 것이 아니다. "다른 분들은 이 범주가 무엇에 관한 거라고 생각하나요? 저는 여러분이 서로의 의견을 경청하기 바랍니다."

 힌트

1. 인내한다. 신참 퍼실리테이터는 이 단계를 겁내는 경향이 있고 빨리 결정을 내리고 싶어 한다. 하지만 이름짓기 과정에서 지나친 성급함을 피해야 한다. 이 질문에 충분한 시간을 들이지 않으면, 이름에 대한 진정한 합의가 이루어지지 않기 때문에 절차를 반복해야 할 것이다. 이 작업은 상자에서 맞는 이름을 꺼내는 것이 아니라 통찰에 대한 합의를 이룬 다음 이름을 붙이는 것이다. 퍼실리테이터 존 밀러John Miller는 말한다. "바로 이 대목에서 나는 내가 테이블 옆에 몸을 잔뜩 구부려 숨고 모든 대화를 아주 주의 깊게 경청하고 있음을 발견한다." 라고 말했다.

2. 공통의 이해가 명백해질 때까지 계속 밀어붙이는 것이 중요하다. 참여자들이 이 단계에서 정말로 노력하게 해야 한다. 너무 단순하거나 설익은 제목을 생각해냈을 때 쉽게 만족하고 넘어가게 해서는 안된다. 이름을 붙일 때는 범주의 이름이 사람들이 말한 것이 아니라 사람들이 의미하는 것을 나타내야 한다는 점을 그들에게 상기시켜야 한다.

절차 6: 이름에 대한 합의 확인하기

그룹이 동의하는 것처럼 보이는 이름이 생기면 질문한다. "이 모든 항목에 대한 그룹의 통찰이 이 이름에 들어 있나요?" 그렇다고 하면 카드에 이름을 쓰고 카드 범주 위에 붙인다.

 힌트

1. 이 단계는 해당 이름이 정말 그룹 천체의 통찰을 담고 있는지 확인하는 것이다. 대체로 이름을 카드에 쓰고 참여자들에게 보이고 읽어주는 것이 도움이 된다. 간혹 알맞은 것을 찾기 위해 여러 번 이름을 바꿔야 할 수도 있다.

2. 이름 부여 과정의 기준은 이름이 초점 질문의 답이 되는지 여부다. 예를 들어, 초점 질문이 "지난 두 분기 동안 마케팅에서 우리가 직면한 제약은 무엇인가?"이고 그룹은 '충분하지 않은 관리인 수' 같은 이름을 생각해내면, 그것은 다른 초점 질문에 대한 답이기 때문에 맞지 않다. 그것은 마케팅에 대한 제약 사항이 아니다. 그러나 이름이 '시대에 뒤떨어지는 광고'라고 나온다면 이는 초점 질문에 잘 맞을 것이다.

3. 그룹이 좋은 이름을 찾았을 때 당신은 진짜 합의가 이루어졌는지 알아보기 위해 질문으로 시험해 볼 수 있다. 여기서 당신은 비언어적 표현을 주시해야 한다. 인상을 찌푸리는 참여자가 있거나 마땅찮아 하는 분위기가 감지되면 작업이 더 필요하다. 이름짓기에 당신의 제안을 집어넣는 것을 주의하라. 이름을 카드에 쓰고 그룹 앞에 내보이며 묻는다.

   · 이 이름이 정말 맞습니까?
   · 이것이 초점 질문에 답을 하나요?
   · 이제껏 우리가 말한 것을 설명하나요?
   · 그룹의 통찰을 담고 있나요?

그룹이 긍정적으로 답하면, 이름 주위에 네모를 그리고 범주 맨 위에 붙인다.

절차 7: 나머지 범주 이름짓기

이제 선택을 해야 한다.

a. 그룹 전체가 위의 과정을 반복하여 각 범주에 이름을 부여할 수 있다.

b. 팀별로 이름을 부여하도록 범주를 할당할 수 있다. 이 경우, 당신이 이용한 프로세스를 플립차트에 적고 그룹에게 읽어준다. 각 팀에 범주를 할당한다. 이름을 기록할 카드와 마커를 준다. 필요하다면 먼저 끝마친 팀에게 다른 범주에 이름을 붙이게 할 수 있다.

a나 b 중에 어느 쪽을 이용할지 결정하는 것은 때때로 남은 워크숍 시간에 달려있다. 일반적으로 b는 시간이 덜 든다.

또한 그 결정은 결과에 대한 충분한 설득력과 주인의식을 갖도록 하기 위해 그룹이 함께 작업을 해야 할지 여부에 달려 있다. 그 결정은 당신의 판단에 달려있다. 혹여 당신의 계획을 말할 때 그룹이 참견하려 들지라도 말이다.

참여자들이 팀으로 작업하고 있다면, 당신은 그들의 작업을 지켜보고 힘들어 하는 팀을 도와주어야 한다. 각 이름들이 이름의 패턴(형용사+명사+동사)에 맞는지 주목한다. 필요하다면 더 서술적인 이름을 짓도록 팀에게 요청할 수도 있다.

소규모 팀이 범주의 이름을 붙일 때 활용되는 특별 프로세스

제목이나 이름을 모두 벽에 붙여놓고 한 카드열에 있는 카드를 읽는다. 그 다음 이름을 읽고 나서 묻는다.

1. 이 제목에 대해 설명을 요하는 질문이 있나요? 모호한 것이 있나요?

다른 카드열에 대해서도 같은 질문을 하고 묻는다.

2. 변경해야 할 제목이 있나요?

특정 제목을 변경해야 한다는 말이 나오면 묻는다.

3. 여러분이 신경 쓰는 것은 무엇인가요?

4. 여러분이 추천할 것은 무엇인가요?

 힌트

특정 제목에 대한 합의가 늦어지면, 그룹 전체가 그 카드열에 대한 이름짓기 과
정을 전반적으로 다시 거쳐야 할 수도 있다. 이는 부여된 이름에 대한 이해와
주인의식 성립에도 중요하다.

다음 장에서 다룰 기법의 마지막 단계는 그룹의 작업에 담긴 결의를 상징하는
마무리하기이다.

범주 이름짓기에 대한 힌트

1. 위의 네 가지 질문에서 어떤 독자는 집중 대화 기법이 활용되었음을 인지

했을 것이다. (브라이언 스탠필드R, Brian Stanfield의 「집중 대화 기술The Art of Focused Conversation」을 보라.) 여기서 그 기법을 활용하면 그룹이 매우 순조롭게 명확한 사고를 할 수 있다. 그들이 네 질문을 모두 이용하여 몇몇 범주에 이름을 부여하고 난 후에는 대체로 더 빠르게 진행할 수 있다. 그들이 벽에 부딪히면 네 가지 질문으로 다시 돌아간다(절차6, 힌트3).

2. 전체 그룹이 범주의 이름을 짓는 것은 퍼실리테이터가 범주를 가져다가 이름을 붙이고 다시 돌아와 그룹의 승인을 받는 것보다 훨씬 낫다. 초점 질문에 대한 주인의식을 발전시킨 그룹은 그런 식의 이름짓기에 반발하기 쉽다. 워크숍 후원자가 자발적으로 원해서 하는 일이라도 말이다. 그룹은 내내 성과를 소유해야 한다. 시간이 촉박하다면, 그룹과 한두 가지 이름을 함께 정하고 나서 팀을 할당하여 나머지 범주의 이름을 부여하게 한다.

3. 시간과 질 사이의 오랜 줄다리기는 여기에도 도사리고 있다. 리더는 그룹이 최선의 해답을 만들어내기 원하지만, 그룹은 자신의 관점을 개발해야 한다. 지나치게 불안해하는 퍼실리테이터는 완벽에 가까운 성과를 얻기 위해 개인적인 ('더 나은') 아이디어나 언어를 써서 개입하는 실수를 저지를 수 있다. 이 워크숍 접근법에서 그것은 큰 죄와 같다. 그것은 퍼실리테이터의 중립성을 제거하고 창의성 흐름을 막는 브레이크로 작용한다.

4. 한편 퍼실리테이터는 워크숍 진행과 시간 관리에 책임이 있다. 이름짓기 과정에서 꾸물대는 그룹은 워크숍 시간이 몹시 길어지면 퍼실리테이터를 호의적으로 생각하지 않을 것이다. 때때로 퍼실리테이터는 그룹의 막힌 곳을 뚫어주기 위해 말이나 이름을 제안할 수 있다. 당신이 그렇게 해야 한다면, 항

상 이런 말로 시작한다. "제 생각에 여러분이 하고 싶은 말은..." 그룹에게 확실히 확인한다. "이게 가깝나요? 아니면 다른 제안이 있나요?"

5. 합의에 도달함에 있어 첫째로 꼽히는 규칙은 합의에 대한 누군가의 말을 절대 비판하거나 거부하지 않는다는 것이다. 더 나은 것을 제안하지 않는다면 말이다. 즉, 누군가가 "내 생각에 별(★) 범주에 있는 아이디어들은 모두 '지역사회 관여 만들기'와 관련된 것 같아." 라고 말했는데 다른 참여자는 "아니요. 그렇지 않습니다!" 또는 "동의하지 않습니다. 시민 사회 구축에 관련되었다고 생각합니다."라고 반대할 수도 있다. 이 때 참여자들에게 반대하기 보다는 대체하는 제안을 해 달라고 요청하라. 그룹이 그 중 하나에 긍정적으로 반응할 때까지 말이다. 고개를 끄덕이는지 지켜보라. 이 원칙을 워크숍이 시작할 때나 이름짓기 단계로 넘어갈 때 언급하는 것이 도움이 된다. 그리고 규칙을 어기는 경우 이를 지적하고 더 도움이 되는 발언을 하도록 촉구할 수 있다.

9장. 마무리하기

결과의 실체가 전혀 만들어지지 않기 때문에, 참여자들이 토론에 관심을 잃어 결론만 추구하고 토론이 희미한 기억 속으로 사라지는 일이 너무도 흔하다.

테리 베르그달Terry Bergdall

마무리하기의 개요

어느 대학의 교수 그룹이 대학 공개강좌에 대한 전략기획을 위해 ICA 퍼실리테이터를 고용했다. 프로세스의 마지막 단계는 실행이었다. 취할 행동에 대한 질문을 던졌을 때 한 교수가 손을 들더니 다소 충격 받은 목소리로 말했다. "정말로 우리가 이 아이디어를 실행할 거라고 기대합니까? 게다가 우리끼리요?" 퍼실리테이터가 말했다. "이 패러다임에서는 계획하는 사람이 실행하는 사람입니다."

마무리하기 단계는 워크숍 결과에 뒤따르는 후속조치가 있다는 것에 사람들이 익숙해지도록 한다.

단계 5에서 퍼실리테이터는 후속조치 단계를 언급하고 참여자들의 결정에 대한 전체 그림을 통합한다. 요점은 그룹의 결의를 상징하는 것이다. 집중 대화 기법을 이용하여 워크숍 범주를 검토하고, 그룹이 그들이 한 일이 지적인 연습이 아니라 그들이 스스로 활용하고 실행할 수 있는 것이라는 개념에 익숙해지도록 한다.

참여자들은 결정을 받아들이고 지지해야 한다. 이 프로세스에서 시사점에 대한 대화를 하거나 다음 단계에서 할 일들을 소개할 수도 있다.

절차별 세부내용

절차 1: 집중 대화 이끌기

대화는 일반적으로 다음과 같이 이어진다.

당신이 말한다. "여기서 우리가 생각해낸 것을 살펴봅시다." (이름 카드를 읽는다.) 그리고 질문한다.

1. 이 모든 것 중에 무엇이 여러분을 놀라게 했나요?

2. 무엇이 여러분의 흥미를 끌었나요?

3. 이 아이디어들 중에 어느 것이 가장 실행하기 수월할까요?

4. 어느 것이 가장 힘들까요?

5. 어느 것이 가장 큰 변화를 만들까요?

6. 여기서 우리가 말했던 것들이 우리 그룹, 또는 우리가 하는 일에 대해 시사하는 바는 무엇일까요?

7. 다음 단계로 해야 할 일은 무엇인가요?

결론: 호세가 워크숍을 문서화하는 것에 동의했다. 그는 당신이 주는 도움이라면 뭐든지 고맙게 여길 것이다.

 힌트

이 대화는 아이디어와 실행 사이의 다리다. T. S. 엘리엇T. S. Eliot이 쓴 글처럼,

생각과 행동 사이에

그림자 드리우네.

그룹이 의기양양하게 워크숍을 떠난 후 우유부단의 그림자가 그들을 덮치게 되는 일은 너무도 쉽다.

절차 2: 합의를 담은 도표 만들기

도표는 쉽고 빠르게 그룹 앞에 있는 정보 전체를 담을 수 있다. 도표는 카드를 모두 쓸어 담아 그룹이 만든 카드열에 쏟아 넣는다. 그것은 균형 잡힌 완전한 그림을 이룬다. 도표를 만들 때 범주 사이의 관계를 논의할 수 있다. (그림18을 보라.)

 힌트

1. 도표는 한 장의 종이에 워크숍 전부를 요약할 수 있다. 자세한 회의록이나 배경 아이디어도 중요하지만, 도표는 이미지를 만든다. 이 이미지는 사람들이 정보에 더 쉽게 접근하게 한다. 범주는 여러 가지 형태가 될 수 있다. 예를 들어, 열을 만들어 줄을 세우거나, 원모양으로 모으거나, 3목두기 형태[9]로도 만들 수 있다. 도표가 가장 많이 쓰이긴 하지만 워크숍 데이터를 요약하기 위한 형태들 중 하나일 뿐이다.

그림18은 도표 만들기의 일반적인 양식 몇 가지를 보여준다.

2. 당신이 선택한 최종 요약 형식이 무엇이든지, 도표는 이런 비난을 피하는 첫 걸음이다. "지난 번 우리가 했던 워크숍 이후 아무 일도 일어나지 않았어요. 우리가 내린 결정은 모두 잊혀졌지요. 사람들의 프로젝트는 지지를 받지 못했어요. 이런 건 시간 낭비예요."

---

9) 3목두기(tic-tac-toe)는 두 사람이 9개의 칸 속에 번갈아 가며 O나 X를 그려 나가는 게임으로, 연달아 3개의 O나 X를 먼저 그리는 사람이 이긴다. 여기서는 가로와 세로가 3칸씩 나뉘어져 있는 표 형태를 뜻한다. 역주

그림18

> **컨센서스를 담은 차트 만들기**
>
> 차트는 쉽고 빠르게 그룹 앞에 있는 정보 전체를 담을 수 있다. 당신은 균형 잡힌 완전한 전체 그림을 그리고 있다. 도표를 만들 때 범주 사이의 관계를 논의할 수 있다(즉 가장 큰 쟁점, 새로운 핵심 행동).

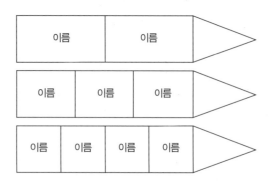

종합적인 균형 보여주기

전체 제목				
이름	이름	이름	이름	이름
✗	〜	O	▪▪▪▪	▪
✗	〜	O		
✗		O	▪▪▪▪	
✗		O		▪
✗	〜	O	▪▪▪▪	

항목의 개수로 우선순위 보여주기

전체 제목				
이름	이름	이름	이름	이름
✗	〜	O	▪▪▪▪	▪
✗	〜	O	▪▪▪▪	▪
✗	〜	O	▪▪▪▪	
✗	〜	O		
✗				

진전 방향 표시하기

이름	이름

이름	이름	이름

이름	이름	이름	이름

절차 3: 기록과 후속조치

워크숍에 대한 성찰이 끝난 뒤 그룹의 창의성에 대해 경탄하는 것은 믿을 수 없을 정도로 쉽다. 그러나 워크숍이 적절하게 기록되고 필요한 후속조치가 취해지지 않으면 그룹 창의성의 90%는 다음 날 기억에서 사라질 것이다. 잘 기록된 보고서를 작성하는 것은 미래의 참고용 요약 자료를 마련하는 일이다. 대부분 문서화 단계는 워크숍 후에 퍼실리테이터가 담당한다. 만약 그럴 수 없는 경우, 퍼실리테이터는 다른 사람에게 부탁해야 하는데 워크숍 시작 전에 이를 미리 정해놓아야 한다.

 힌트

워크숍이 끝났을 때 벽에 붙어있는 모습 그대로 데이터를 문서화하는 것이 도움이 된다. 데이터 제출에 신경을 쓰는 것은 늘 도움이 되지만, 기록하는 사람은 그룹의 작업을 꾸미지 않아야 한다. '데이터의 권위'를 유념하라.

컨센서스 워크숍의 선택적 후속조치

컨센서스 방식의 이름짓기 단계는 이름이 붙은 몇 가지 데이터 범주를 만들어낸다. 이런 종류의 합의를 사용하여 할 수 있는 일이 많다. 예를 들어 기업 미션의 경우, 각 카드 열을 문장으로 쓰고 나서 그것들을 정리하여 기업 미션을 최종적으로 작성하는 편이 좋을 것이다. 일련의 전략 수립의 경우, 유사한 활동 그룹 각각에 대해 태스크포스를 구성하는 편이 좋을 것이다. 상황에 따라서 워크숍 마지막에 참여자들에게 어느 옵션을 수행하고 싶은지 질문할 수 있다.

옵션 1: 서술문으로 쓰기

문장으로 쓰기

몇몇 사람을 지명하여 카드열의 이름을 가지고 각 카드열에 대해 문장이나 단락을 쓰고, 카드열에 담긴 주요 통찰을 기술하게 한다.

단락으로 쓰기

각 범주의 데이터를 이용하여 많은 단락을 작성한다. 한 카드열 당 두 사람에게 각 열을 위한 단락을 쓰게 한다.

도표의 내용으로서 활용하기

적절한 서문 및 부록과 함께 제시한다면 워크숍 카드열은 조사 연구나 보고서의 목차가 될 수 있다. 한 장 전체가 각 열의 카드들을 기초로 작성될 수 있다.

옵션 2: 실행 준비

카드열의 우선순위 매기기

각 카드열의 총 데이터량은 각 카드열의 우선순위 가치에 대한 예비 아이디어를 제공할 수 있다. 워크숍의 성찰 단계 동안 집중 대화를 이용하여 그룹과 함께 카드열의 우선순위를 정한다.

위원회 및 태스크포스 구성

각 카드 열에 소규모 위원회나 태스크포스를 할당하여 해당 열의 실행을 위한 다음 단계를 결정하게 한다.

카드열 일부에 대한 워크숍 수행

더 많은 의견을 구하고 보다 포괄적인 그림을 그리기 위해 각 카드열에 대한 워크숍 일정을 잡는다.

카드열을 함께 엮어 해결책 만들기

집중 대화 기법을 이용하여 각 카드열의 정보를 포함한 해결책을 만든다.

옵션 3: 그룹의 통찰을 담은 이미지 만들기

카드열의 합리적인 도표 만들기

카드열 사이의 관계에 대한 대화에 참여자들을 끌어들여 관계를 명확하게 담은 도표를 만든다.

합의를 담은 그림, 그래픽, 이미지 만들기

그래픽 이미지(기하학적 도형, 사물, 예술형식)의 목록을 브레인스토밍하고 그래픽 이미지에 카드열 제목을 연결시킨다.

작업에서 노래나 시 만들기

카드열의 제목이나 중요한 단어를 운율을 맞춰 다시 쓴다. 곡조를 넣어 노래를 만든다.

절차 4: 기록 배포

워크숍 결과를 빠르게 배포하는 것은 중요한 일이다. 워크숍의 결과물은 대화와 발언

그리고 가장 중요한 참여자의 약속을 구체화한다. 결과물을 어떤 이의 책상 위에 두는 것보다 참여자의 손에 쥐어주는 것이 소요된 시간과 에너지에 대한 성취감을 느끼게 한다. 상징적으로 이렇게 말하는 것이다. "이것이 당신의 컨센서스 워크숍이었습니다. 여기 당신의 성과물이 있습니다." 결과물의 신속한 배포는 실행을 위한 직접적인 움직임을 가능하게 한다.

당연하지만, 워크숍에 참석했던 모든 사람이 결과물을 받아야 한다. 청소원이든 누구든 참석했으면 결과물을 받아야 한다. 당신 자신의 파일에 결과물을 잘 보관해 두어라.

워크숍 리더십

　3부는 컨센서스 워크숍을 진행하기 위한 준비와 스타일에 대한 문제를 다룬다. 이는 프로세스와 절차를 직접적으로 다룬 앞의 내용만큼 필수적이라 할 수 있다. 2부에서 워크숍 이끌기의 과학적 측면을 다루었는데, 그런 절차가 없으면 워크숍은 목표를 달성하기 어렵다.

　10장과 11장은 또 다른 필수 요소인 워크숍 리더십의 기술을 다룬다. 12장은 컨센서스 워크숍 기법을 이용하면서 직면하게 되는 도전에 대한 내용이다. 13장은 시간, 공간, 이벤트, 짧은 코멘트 활용 등의 주요 요소들을 이용한 워크숍의 전체적 환경 설정을 다룬다.

10장. 컨센서스 워크숍의 설계와 준비

설계는 복잡한 다차원 과정이다. 어떤 이는 그저 앉아만 있는 것이 아니라 '행동'을 한다. 더 정확히 말하면, 설계는 몇몇 요소를 이루는 활동들로 구성된다. 각각 점진적으로 목적지를 구상하는 연속적인 왕복 여행의 여정 같은 프로세스는 흔히 나선 이미지로 그려진다.

수잔 라이트Susan Wright)

현대의 사고방식에는 세심한 준비와 충분한 생각이라는 개념을 억제하려는 경향이 있다. '일단 한번 해봐(Just do it)!'는 신발 회사보다 더 많은 사람들에게 모토로 사용된다. 퍼실리테이션 경우라면, "그냥 가서 워크숍 해봐. 뭐 하러 설계하고 준비하니?"라고 말하는 것 같다. 프린스에드워드 섬과 뉴브런즈윅을 연결하는 컨페더레이션 대교의 건설자가 "일단 한번 해보자!"라며 무작정 생각나는 대로 교탑과 구각을 설치한다고 가정해보자. 바다에 떠다니는 얼음덩어리와 세찬 바람이 실컷 뒤집어 놓을 것이다. 준비가 됐든 안 됐든 어떤 프로젝트를 그냥 추진해야 할 경우가 있는 것도 사실이다. 그러나 컨센서스 워크숍에는 해당되지 않는다.

컨센서스 워크숍을 효과적으로 실시하기 위한 열쇠는 무엇일까? 생산적이고 만족스러운 워크숍은 '행동 전의 행동'에 달려 있다. 즉, 워크숍을 위한 준비의 양과 기술적인 설계에 좌우되는 것이다.

대부분 초보 워크숍 퍼실리테이터들은 그들이 준비해야 하는 것이 프로세스, 즉 단계와 단계의 순서, 단계에 이용할 도구, 하게 될 말 등으로 이루어진 워크숍 프로세스 설계라고 생각하는 경향이 있다. 하지만 퍼실리테이터는 자신이 이끄는 그룹의 현재 상황도 충분히 고려해야 한다. 또한 초점 질문과 결과 요건을 다듬기 위한 시간도 필요하다. 그

162

러고 나서야 워크숍은 적절하게 설계되고 편성될 수 있다. 따라서 준비 영역에는 다음 두 가지를 열거할 수 있다

1. 그룹의 상황 평가
2. 프로세스의 설계 및 편성

한편, 사람들이 많이 묻는 질문이 있다. 왜 준비를 이 정도로 상세하게 하나요? 왜 그냥 플립차트에 질문을 써놓고 그룹이 달려들게 할 수 없나요? 뭐가 그리 중요한가요? 퍼실리테이션에서 준비가 중요한 이유는 마치 요리를 하는 것처럼 준비한 만큼 성과가 나오기 때문이다. 손자병법에 이와 관련한 유명한 글귀가 있다. "장수는 전투 전날 밤 신전에서 행하는 준비를 통해 전투에서 승리한다." 이는 워크숍 퍼실리테이터도 마찬가지다. 워크숍의 성공은 누군가 워크숍을 하러 들어오기 전에 워크숍의 총체적인 환경에 대해 충분하고 상세하게 생각할 때 보장된다. 어떤 퍼실리테이터들은 참여자 앞에 서기 전에 밤새워 준비에 공을 들이는 것으로 유명하다. 그렇게 하라고 권하고 싶지는 않다. 밤에 잠을 잘 자둬야 프로세스에 더 잘 임할 수 있다. 그렇다 해도 준비는 매우 진지한 일이다.

그룹의 기술과 상황에 대한 평가

당신이 어떤 컨센서스 워크숍을 이끌기로 결정하면, 자세한 배경을 완전히 숙지해야 한다. 그래서 워크숍 준비의 첫 단계는 컨센서스 워크숍 기법의 세부내용과는 직접적인 관련이 없다. 우선 해당 조직이나 그룹의 세부 사항을 이해하고 검토해야 한다.

주제가 무엇인가?

워크숍에는 수없이 많은 주제가 가능하다. 워크숍의 주제가 무엇인지를 매우 분명히 해두는 것이 중요하다. 워크숍의 주제는 인간관계, 팀 갈등, 판매 전략, 마케팅 전술, 고객 관리, 구성원 개발, 공급자, 청소원 중 무엇과 관련되었는가? 그리고 그룹은 그것의 어떤 측면을 다루어야 하는가? 그 다음 당신은 관련 쟁점이 무엇인지 알아야 한다.

만일 주제가 논쟁의 여지가 있다면, 준비하는 데 훨씬 많은 시간을 들여 전반적인 사항을 이해하도록 해야 한다. 그런데 주제가 모든 사람이 받아들일 수 있는 매우 특정한 결과를 요구한다면, 이름짓기 단계에서 훨씬 더 세심해야 한다. 예를 들면, '프로젝트 수행 계획 수립' 같은 식이다.

상황이 어떠한가? 사람들은 무엇을 염려하는가?

모든 컨센서스 워크숍은 복잡한 사회학적 맥락에서 일어난다. 어떤 워크숍에서 사람들이 인력 운영 문제를 우선순위로 결정하는 데 열의를 보였다. 하지만 그 이면에는 그들이 우선시 하는 문제에 대한 권한을 부여받을 수 있을지에 대한 심상치 않은 의심이 팽배했다.

퍼실리테이터는 이런 종류의 관심이 워크숍으로부터 많은 에너지와 동기를 소모시킬 것을 알고 있었다. 그래서 그는 고객에게 가서 워크숍에 대한 본인의 의도를 명확히 밝혀달라고 했다. 퍼실리테이터는 참여자들이 경영진으로부터 지지를 받을지 염려하고 있다고 설명했다. 그에 대해 고객은 그 문제를 처리하는 것에 대한 그룹의 제안과 결과에 매우 관심을 갖고 있다고 말했다. 또한 고객 워크숍에서 나온 제안에 대해 지지할 것을 보장한다고 했으며, 워크숍 그룹에게 자신의 말을 전달해도 좋다고 동의했다.

참여자들은 권한을 부여 받았다고 느꼈다.

조직의 역사 및 최근 변화와 사건은 무엇인가?

조직이 얼마나 오래 되었는지 등 조직의 역사에 대해 아는 것은 중요한 일이다. 팀 제도의 도입, 종업원지주제, 배치전환 등과 같이 조직이 겪은 주요 변화는 무엇인가? 최근의 성과와 좌절은 무엇인가? 이 워크숍을 하게 만든 최근의 내외적인 사건은 무엇인가? 자금 부족? 언론의 혹평? 어쩌면, 세 배로 커진 규모의 시장이나 커뮤니케이션에서의 위기? 조직의 흥미로운 새로운 비전? 아니면, 더 큰 목표를 세우게 한 지난 1년 동안의 놀랄만한 성과?

이런 경우 대부분 워크숍 퍼실리테이터는 그룹이 초점 질문에 대해 생각할 수 있도록 조직의 분위기를 제대로 파악할 필요가 있다.

주제에 대한 그룹의 과거 기록 및 최근 합의의 정도는 어떠한가?

이 워크숍 주제가 나올 때마다 감정의 폭발이 있는가? 이것이 뜨거운 주제인가? 아니면, 너무 여러 번 다루었기 때문에 사람들이 몹시 지루하게 여기는가? 주제와 관련하여 상당한 합의가 이뤄져 있는가? 재조정되어야 할 몇몇 의견 집단이 있는가?

논쟁의 주요 골자는 무엇인가? 전에 동일한 문제에 대해 작업한 적이 있는가? 그렇다면, 그들은 무엇을 하였는가? 결과는 어떠했는가? 그 이후로 무슨 일이 있었는가? 이것이 도입하기와 초점 질문 결정에 영향을 미친다.

공동 작업과 협의의 이력이 있다면, 당신은 훨씬 더 빠르게 진행할 수 있다. 사람들 간에 불화나 신랄한 말이 오고 간 이력이 있다면, 브레인스토밍 단계와 분류하기 단계에 더 많은 시간을 할애해야 한다. 그래야 사람들이 실제로 서로를 경청하고 이해하게 된다. 분류하기에서 당신은 사람들에게 다양한 연상에 대한 의견을 말하라고 계속 요구해야 한다. 이름짓기 단계에서 당신은 참여자들이 새로 드러난 합의가 무엇인지 알 수 있도록 사람들이 사용하는 이름을 명료화해야 한다. 또한 당신은 참여자들이 전에 해 봤다는 느낌을 받지 않도록 이미 이루어진 작업의 맥락에서 이 워크숍을 제시할 필요가 있다.

그룹의 구성원은 누구인가?

이것은 중요한 질문이며, 준비 사항 중에서는 거의 별개의 영역이라 할 수 있다. '존을 가르치기 위해서는 먼저 존을 이해해야 한다'는 오래된 교육학적 격언은 컨센서스 워크숍 퍼실리테이터에도 해당된다. 이 격언을 다시 써보면, "워크숍을 이끌기 위해서는 먼저 참가할 사람들을 이해해야 한다." 고객의 요청에 따라 워크숍을 맡게 된다면, 고객에게 그룹 구성원에 대해 물어보아야 할 것이다.

그룹의 최근 분위기는 어떠한가? 지쳐 있는가? 주제에 대해 냉소적인가? 마침내 이 문제를 다룰 수 있게 되어 들떠 있는가? 최근의 위기 때문에 다소 산만한 상태인가?

그들이 해결책에서 집착하는 것은 무엇인가? 그룹내에 자신이 성공 모델이라 생각하는 구성원이 있는가? 그 구성원은 공유만하고 다른 사람들은 그것을 그저 믿는가? 만약 그렇다면, 당신은 모든 시각을 경청해야 할 필요성을 강조해야 한다. 그룹이 현상 유지에 머물러 있는 편인가? 그렇다면 당신은 새롭고 폭넓게 생각하는 것의 중요성을 강조하며 도입하기를 해야 한다. 그들이 변화를 간절히 원하는가? 이 경우, 당신은 그들이 목욕물과 함께 아기를 내버리는 일을 하지 않도록 상기시켜 주어야 한다.

그룹이 주제에 대해 식견이 있는가? 주제가 그들의 분야에 해당하는가? 그들에게 낯선 주제인가? 예비 조사나 프레젠테이션의 필요성이 있는가? 그들에게 정보가 지나치게 많은 것은 아닌가? 그들에게 주제에 대한 충분한 지식이 있다면, 브레인스토밍에 바로 돌입할 수 있다. 그렇지 않다면 도입하기에 시간을 들여야 한다. 주제에 대한 프레젠테이션이나 또는 주제 탐구 및 이해를 위한 집중 대화 등을 활용할 수 있다.

사람들이 서로 잘 모르기 때문에 불안해한다면, 그들에게 친분을 나눌 수 있는 시간을 준다. 그러면 마음을 열고 토론할 수 있는 여유를 느끼게 된다.

사람들의 인식 및 작업 유형은 어떠한가? 그룹에 주로 작용하는 사고 및 학습 유형은 무엇인가? 그들은 인쇄해서 보는 걸 좋아하는가, 고도로 시각적인가, 상당히 운동감각적인가, 과도하게 이성적인가?

회의실에서 움직임이 필요하다면, 사람들에게 카드를 가져오게 하여 돌아다닐 기회를 주도록 계획을 세울 수 있다. 브레인스토밍을 하기 위해 자리를 바꾸라고 요청할 수도 있다. 완전한 개방성이나 자발성을 원한다면 책상을 치우고 의자만 이용하라. 표준적인 워크숍 프로세스를 따른다면, 회의실을 매우 세심하게 배치하여 모든 것이 아주 사려 깊게 정돈되어 있다는 인상을 주도록 한다.

그룹이 작업하는 방식의 핵심은 무엇인가? 그들이 팀 작업에 익숙한가? 그룹에 고도의 진취성이 있는가? 그들은 적극적인가, 수동적인가? 보다 직관적인가, 보다 합리적인가? 획일적으로 작업하는가, 반자율적으로 작업하는가? 고도의 공동 작업을 하는가, 또는 개인 단위로 일하는가?

예를 들어, 회장이나 경영자 같은 사람들은 언제라도 일어나서 기민한 의견을 밝히고 그룹에게 중요한 포인트를 지적하거나 프로세스의 지름길에 대해 발언하는 것이 전반적으로 허용될 수도 있다. 하지만 평소에는 그들에게 프로세스를 엄격히 따르고 진정한 공평성과 개방성이 지켜질 수 있도록 해 달라고 요청해야 한다.

말을 하지 않는 사람들이 있는지 지켜보고 이따금 직접적인 질문을 던져서 그들이 자신의 목소리를 내고 거리낌 없이 참여해도 된다고 느낄 수 있게 배려한다.

이러한 상황 조사가 없으면, 워크숍 퍼실리테이터가 워크숍에서 기술적인 일은 우수하게 행할 수 있을지 몰라도 조직을 위한 양질의 일은 할 수 없을 것이다.

물론 컨센서스 워크숍이 당신의 조직 내에서 이루어진다면 이런 검토를 할 필요성은 덜하겠지만, 그래도 준비해 둔다면 그룹을 위해 더 나은 일을 하게 될 것이다.

초점 질문 만들기

올바른 초점 질문을 하는 것은 매우 중요하다. 초점 질문에 따라 그룹이 찾는 해답의 유형이 달라진다. 또한 초점 질문은 데이터 분류하기에서 가이드 역할을 하며, 해답이 명백해질 만큼 자세하게 범주에 이름을 부여할 수 있게 한다. 초점 질문은 '무엇'으로 시작한다. 분명한 질문을 하면 사람들은 8~15가지 답을 쉽게 생각해낼 수 있다. 기간이 해답에 영향을 미치는 경우, 질문에 기간을 포함시킨다.

초점 질문은 전체 워크숍을 이끌어 간다. 그것은 브레인스토밍을 촉발시키고 분류하기와 이름짓기의 가이드 역할을 한다. 주제에 초점을 맞추고 수평적 사고를 유도하는 질문을 만들어내는 것이 중요하다.

주제

우선 주제를 확인한다. 지금은 아마 매우 추상적일지라도, 당신이 상황 분석을 하면서 기록한 내용이 주제를 알려 줄 것이다.

시간 프레임

초점 질문을 숙고할 때 시간에 관해 두 가지를 고려한다.

첫째는 실제 워크숍의 작업에 걸리는 시간이다. 대개 당신은 워크숍 시간에 제한을 받는다. 워크숍 시간이 1시간 이하라면, 아마도 쉬운 문제에 대한 빠르고 직관적인 워크숍을 할 수 있을 것이다. 3~4시간을 사용할 수 있다면, 아마도 더 난해한 문제에 대한 실질적인 탐구를 할 수 있을 것이다.

두 번째 고려 사항은 그룹이 필요로 하는 워크숍 결과의 존속 기간이다. 그룹이 해마다 다시 작업하지 않도록 5개년 비전을 요구하는가? 또는 문제에 대한 일주일의 일시적인 해결책을 요구하는가? 이 기간은 유용한 초점 질문의 일부가 될 것이다.

이해당사자와 참여자

당신은 누가 워크숍 결과에 영향을 받게 되는지 알아야 한다. 직원? 경영진? 해외 그룹? 공급자? 특정 고객? 자금 제공자? 영향을 받는 모든 이해당사자의 시각을 참여자들이 대변해 본다면 더 현명하고 지속가능한 워크숍 결과를 얻게 될 것이다. 프로세스에 직접 참여한 사람들은 결과가 무엇인지 설명을 들을 필요가 없다. 그들은 자신의 아이디어가 최종 결과의 일부라는 것을 알고, 실행에 대한 주인의식도 더욱 느끼기 쉽다.

컨센서스 워크숍 목표

'이성적 목표The Rational Aim'은 워크숍의 결과와 관계가 있다. 요구되는 결과나 성과는 무엇인가? 그것은 어떻게 이용될 것인가? 결과가 어떻게 이용될 것인지를 알면 필요로 하는 성과의 형태가 분명해진다. 예를 들면, 아이템 목록, 서술형 보고서, 우선순위 목록, 또는 정의된 모든 요소를 포함하는 해결책 등이다.

'경험적 목표The Experiential Aim'는 그룹이 워크숍을 어떻게 경험하기를 원하는가에 해당한다. 즉, 그룹이 마지막에 어떻게 달라져야 하는가를 말한다. 그룹이 서로를 신뢰하고 격려하면서 전진해야 하는 상황과 그룹이 한 번만 더 토의하기 위해 그들의 분석에 흥미를 느껴야 하는 상황과는 초점 질문과 프로세스가 무척 달라질 것이다. 일반적으로, 컨센서스 워크숍 방식은 존중과 조화를 창출하고자 한다.

목표는 초점 질문의 단어 선택에 가장 직접적인 영향을 끼칠 것이다. 왜냐하면 초점 질문이 결과물의 요소에 대한 브레인스토밍을 유도하고, 그 요소들에 대한 분류하기와 이름짓기를 인도하여 필요한 최고의 결과물을 산출해내기 때문이다.

데이터 소용돌이

이 모든 데이터 및 그룹에 대해 당신이 아는 내용들은 이제 당신의 머릿속에서 수레바퀴처럼 소용돌이쳐야 한다. 그것이 가라앉으면 초점 질문을 써본다. 대부분의 초점 질문은 '무엇'으로 시작한다. 간혹 '어떻게'로 시작해 성공하는 경우도 드물게 있긴 하지만 말이다. 초점 질문은 이성적 목표가 정한 경계 안에서 개개인으로부터 수많은 구체적인 응답을 촉진해야 한다. 그러한 구체적인 응답들이 함께 모아지면 필요한 결과를 창출해야 한다.

최선의 초점 질문을 선택한 후에 뒤로 물러나 그것을 비평해 본다. 가능하면 그것을 동료들에게 돌려 어떤 대답을 하는지 살펴본다. 또는 참여자들의 가능한 답을 모두 상상해본다. 그 답들을 모아 이름을 정하면 목표가 충족될 것인가? 첫 번째 시도가 만족스럽지 않다면, 간단명료하고 정곡을 찌르는 초점 질문을 얻을 때까지 계속 시도한다. (그림21)

그림21

초점 질문의 예는 부록2를 보라.

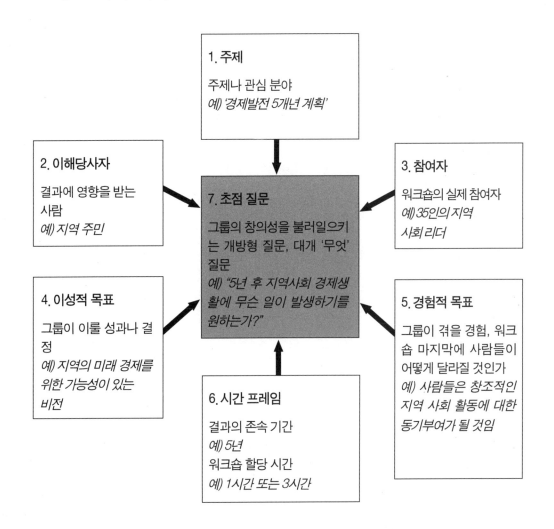

프로세스 조직화

다음의 준비 단계는 프로세스의 정교한 조율을 포함한다. 설계양식은 적어도 아래의 데이터의 윤곽을 잡는 데 매우 유용하다. (그림22)

그림22

컨센서스 워크숍 기법 · 형식

초점

도입하기	이성적 목표		경험적 목포	마무리하기
	브레인스토밍	분류하기	이름짓기	

목표

이성적, 경험적 목표를 검토한다. 즉 성과물 및 당신이 원하는 그룹의 경험을 검토한다.

이벤트

진행에 활기를 불어넣고 워크숍을 일종의 이벤트로 만드는 데 도움이 될 만한 것들을 생각해본다. 분위기를 풀어주는 약간의 게임이나 율동, 그리고 오프닝과 클로징 멘트 등이 있을 것이다. 좋은 책이나 이야기를 준비해 두었다가 분위기가 가라앉을 때 활용한다. 그룹이 언제쯤 쉬는 시간을 갖게 할 것인가? 그들이 자리에서 일어나 몸을 푸는 시간은 언제가 좋을 것인가?

기법과 절차

일을 진행할 특정한 절차를 생각한다. 전에 사용해본 절차 중에 이번에도 활용할 만한 것이 있는가? 그렇다면, 그것이 어디 부분에서 수정되어야 하는가? 다양한 순간에 어떤 짧은 맥락어(13장을 보라)나 설명이 필요할 것인가?

전개(악장)

훌륭한 컨센서스 워크숍은 악장과 서곡 등으로 이루어진 교향곡과 같다. 각 악장에 들어가는 절차와 기법, 이벤트, 그리고 어떤 순서로 들어가는지 '악장' 아래에 있는 교향곡 악보에 음표를 그려넣듯 적는다. 절차가 복잡하다면 당신은 각 악장에 대한 악보를 분리해야 할 수도 있다.

시간 계획

당신은 이미 쓸 수 있는 시간을 구체화시켰다. 이제 워크숍의 악장과 각 단계에 시간을 배분한다. 그러면 워크숍 각 부분에 시간을 얼마나 할애해야 하는지에 대한 정확한 개념이 생긴다.

오프닝

교향곡 악보에 '오프닝'을 위한 공간을 표시한다. 여기서 당신이 워크숍을 어떻게 시작할 것인지 말한다. 도입하기를 할 것인가? 또는 그룹 구성원에게 자기소개 시간을 주고 자기 이름과 자신에 대한 한 가지 설명을 하게 할 것인가? 서먹함을 풀어주는 다른 종류의 일을 시도할 것인가? 당신의 오프닝 멘트는 무엇인가?

클로징

여기서 당신은 워크숍을 어떻게 마무리 지을 것인지 말한다. 진심으로 참여해준 그룹에게 감사 인사를 할 것인가? 문서화 작업을 할당할 것인가? 워크숍 결과가 어떻게 활용될지 말할 것인가? 이 단계를 밟는 것은 당신이 마지막에 헤매지 않고 마무리할 시점을 찾을 수 있게 해준다. 워크숍을 마칠 때 할 말을 적어둔다.

나는 마지막에 적당한 클로징 멘트를 찾지 못해 더듬거렸던 기억이 있다. 참석자들과 고객에게 감사의 말을 전하고, 하나님과 성모님도 찾고, 캐나다 국가까지 갖다 붙여 가며 허둥거렸다. 그처럼 어리석게 주저앉으면 안 된다. 그 후로 나는 클로징 멘트를 자세하게 적어놓는다.

개인적 준비

프로세스를 준비하는 것과 별개로 당신은 개인적 준비를 위한 여지도 만들어야 한다. 충분한 시간을 들여 당신의 계획을 검토한다. 사전에 설계를 시운전해보면 어떤 어려움에도 대처할 수 있다. 워크숍에서 발생할 일을 자세하게 머릿속에 그려본다.

당신이 필요로 하는 자료와 도구를 모두 목록으로 작성한다. 잊지 말고 플립차트와 기타 자료들을 미리 준비한다. 관련된 유인물을 만들어라. 미리 회의실을 둘러보고 당신의 필요에 맞는지 확인한다. 모든 실행 계획이 포함되어 있는지 검토한다. 사전에 장소와 필요한 자원을 점검한다. 카드 워크숍이라면 충분한 카드와 그것을 벽에 붙일 방법

(퍼티, 테이프, 스티키월 등)을 확실히 해둔다. 기호가 그려진 카드를 준비한다. 모든 마커가 잘 나오는지, 무독성인지 살펴본다. 워크숍 직전에 고객과 함께 변동 사항이 없는지 확인한다.

퍼실리테이터의 자세 리허설

마지막으로 당신은 자신의 스타일을 어떻게 할 것인지 미리 생각해본다. 오늘 당신의 기분이 어떠한지가 아니라 참여자들을 위해 어떤 스타일이 필요할지 생각하는 것이다. 앞의 준비 단계 이외에, 워크숍을 훌륭하게 해내기 위해 어떤 스타일을 갖추어야 하는가? 그룹이 무겁고 딱딱한 성향이라면, 당신은 보다 경쾌한 모습이 좋지 않을까? 그룹이 활발한 성향이라면, 당신은 보다 침착한 모습이 어떨까? 그룹이 상당한 긍정과 확신을 필요로 하는가? (이는 다음 장에서 더 다뤄질 것이다.) 다시 강조하자면, 여기서 이야기하는 스타일은 특정한 날 당신의 기분 상태이 어떠한가가 아니라, 워크숍을 잘 해내기 위해 필요한 것이다.

이러한 준비가 없으면, 벌거벗은 채 그룹을 만나러 가는 것과 같다. 즉, 퍼실리테이터로서 매우 취약해지는 것이다. 그러나 제대로 준비를 한다면 당신은 보다 깊은 통찰과 그룹의 요구에 대한 보다 섬세한 감각, 작업 전체에 대한 보다 훈련된 접근방식을 가지고 워크숍을 이끌 수 있다.

11장. 워크숍 퍼실리테이터의 스타일

사랑을 찾는 사람은

자신의 사랑 없음을 드러낼 뿐이며,

사랑 없는 이는 절대 사랑을 찾지 한다.

오직 사랑하고 있는 사람만이 사랑을 찾아내며,

그들은 결코 사랑을 얻으려 애쓰지 않는다.

D. H. 로렌스D. H. Lawrence

워크숍 퍼실리테이터의 역할

컨센서스 워크숍 퍼실리테이터는 프로세스의 길잡이 노릇을 한다. 참여자들이 주제에 관한 최고의 아이디어를 떠올리고 그것을 활용 가능하게 조직할 수 있도록 도와주는 것이다.

나는 30년 전 첫 워크숍의 곤혹스럽던 기억을 가지고 있다. 기법의 다섯 단계는 완전히 습득하고 있었지만, 퍼실리테이션 기법은 끔찍할 정도로 미숙했다. 모두 잘못된 이미지를 가지고 있었다. 내가 말했다. "맥락은 이렇고...이제 우리는 브레인스토밍을 할 겁니다. 그러니 브레인스토밍 하세요!" 아무 일도 일어나지 않았다. 그래서 다시 말했다. "이제 브레인스토밍을 할 겁니다. 여러분, 브레인스토밍 하세요!" 여전히 아무 일도 일어나지 않았다. 회의실 뒤에 있던 동료는 나에게 그룹이 아이디어를 적게 하라고 필사적으로 신호를 보내고 있었지만, 나는 어떻게 그들에게 브레인스토밍을 시킬지 전혀 몰랐다. 나는 마커를 내려놓고 동료가 워크숍을 수습하게 떠넘겼다. 다행히 내 동료는 나처럼 미숙한 사람은 아니었다.

나는 퍼실리테이터가 다섯 단계의 기법 그 이상을 알아야 한다는 사실을 파악하지 못했다. 퍼실리테이터의 역할은 그룹의 브레인스토밍과 분류하기와 이름짓기를 촉진하는 것이다. 그러기 위해서는 하위 단계와 부수적인 프로세스가 요구된다. 나는 브레인스토밍을 촉진하기 위해 비장의 방법이 필요했다. 그 점이 내가 가장 당혹스러웠던 경험이었다. (그림23)

그림23. 관계의 삼각형

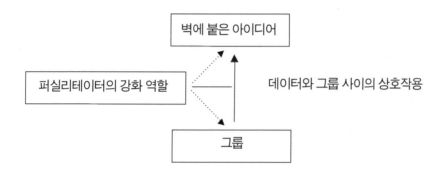

대체로 말하자면, 컨센서스 워크숍은 세 가지 톱니바퀴가 맞물려 돌아간다.

1. 그룹 구성원
2. 벽이나 보드, 플립차트에 있는 그룹의 데이터
3. 워크숍 퍼실리테이터

컨센서스 워크숍에서 주된 활동은 퍼실리테이터와 그룹 사이의 상호작용인 것처럼 보일 수 있다. 그리고 이는 보통 그룹 회의에서 많이 나타나는 경우다. 예를 들어, 이사회 회의에서 주요 대화는 의장과 이사들 사이에 이루어진다. 그러나 컨센서스 워크숍은 퍼실리테이터에게 다른 역할을 맡긴다. 주된 상호작용은 참여자와 그들의 아이디어 사이에서 일어난다. 여기서 퍼실리테이터의 역할은 참여를 가능하게 하고 그들이 아이디어를 처리하고 개발하도록 돕는 것이다.

워크숍 퍼실리테이터는 촉매제와 같다. 그의 일은 벽에 붙어 있는 아이디어와 참여자 사이의 상호작용을 증대하는 것이다. 우선 퍼실리테이터는 그룹의 상상력과 창의성이 같은 곳에서 작용하게 한다. 이는 도입하기와 관련이 있다. 그 다음 그룹이 벽이나 플립 차트에 게시할 응답을 브레인스토밍 하도록 이끈다. 이어서 참여자들이 범주를 만들고 이름을 부여하게 함으로써 데이터와 그룹 간의 상호작용을 증강시킨다. 매순간마다 퍼 실리테이터는 그룹으로 하여금 벽에 있는 아이디어를 처리하도록 장려한다.

퍼실리테이터가 프리마돈나로 변할 때 그의 기교에 시선이 모아지는데, 이는 유감스 러운 광경이다. 워크숍 퍼실리테이터가 저지를 수 있는 가장 큰 실수는 자신이 활동의 중심이고, 그룹의 작업이 벽이나 플립차트에 있는 아이디어가 아닌, 퍼실리테이터가 누 구냐에 대한 합의에 도달하는 것이라고 생각하는 것이다. T. S. 엘리엇은 그 점을 날카 롭게 표현한다.

세상에서 행해지는 해악의 절반은
자신이 중요하다고 느끼고 싶은 사람들 탓이다.
그들은 해를 끼칠 의도가 없고, 해악은 그들에게 관심이 없다.
혹은 그들은 그것을 보지 않거나, 그것을 정당화한다.
그들이 스스로를 만족스럽게 생각하기 위한
끝없는 투쟁에 빠져있기 때문이다.

따라서 퍼실리테이터가 첫 번째로 이해해야 하는 것은, 워크숍 리더란 그룹에 봉사하 고 그들이 일할 수 있도록 도움을 주는 역할을 한다는 점이다. 그룹은 활동의 주인공이 다. 퍼실리테이터의 일은 그룹이 계획을 세우고, 문제를 해결하고, 일정을 짜고, 미래의 비전에 대해 합의를 이룰 수 있도록 최선을 다해 돕는 것이다. 퍼실리테이터의 투명성은 실제로는 어려울지라도 핵심적인 자질이다.

시카고의 퍼실리테이터 짐 트록셀Jim Troxel의 일화다.

지난해 나는 인디애나 주에 있는 신입 퍼실리테이터 동료로부터 편지를 받았다. 그가 기법을 익히는 동안 내가 그의 멘토였다. 그가 물었다. "그룹을 퍼실리테이션하고 나서 '정말 대단했어'라고 할 만한 경험을 해본 적이 있나요? 모두가 당신이 훌륭하게 해냈다고 생각하는 거 말이에요. 사람들은 많은 합의사항과 새로운 비전을 가지고 가버리지만, 혹시 우울한 기분이 든 적이 없었나요?"

나는 생각했다. "결국 자기가 우울했다는 뜻 아닌가?" 그의 질문은 나를 괴롭혔다. 사실 인정하기 꺼렸지만 어느 정도 그에게 공감했기 때문일 것이다. 그것은 내가 아내를 데리러 간 날부터 더 분명해지기 시작했다. 아내는 국가긴급통신망에 대한 워크숍을 퍼실리테이션한 후였다. 나는 동일한 행복감과 우울감이 아내를 꽉 채우는 걸 느낄 수 있었다. 두 가지를 동시에 경험하는 게 가능하다면 말이다.

내가 물었다. "일은 어땠어?"

그녀는 신이 나서 말했다. "대단했어! 사람들은 자기들 예상보다 더 많은 걸 해냈고, 한 시간이나 일찍 마쳤어."

나는 말했다. "그거 정말 대단한데!" 그러자 우울감이 그녀에게 드리웠다. 나는 말했다. "그런데 뭐 잘못됐어?"

그녀가 말했다. "자기들 혼자 힘으로 그 일을 해냈다고 생각해."

그녀의 대답을 통해 그녀가 퍼실리테이션의 깊은 비밀에서 비틀거리고 있는 것이 느껴졌다. 우리는 퍼실리테이터로서 무언가를 견뎌내야 한다. 그것은 퍼실리테이터의 투명성을 지켜 그룹의 프로세스를 무너뜨리지 않는 것이다. 당신은 어떻게 테이블 중앙의 눈에 보이지 않는 버팀목으로서 그룹의 길잡이가 될 것인가?

사람들이 그의 존재를 거의 알지 못할 때
퍼실리테이터는 최고가 된다.
그들의 일이 이루어지고, 그들의 목표가 성취되면,
사람들은 말할 것이다.
"우리가 스스로 해냈다."
- 노자의 말씀 개작

나는 사람들이 이렇게 질문하는 것을 많이 들었다. "왜 이런 워크숍에 퍼실리테이터가 있어야 하지요? 왜 우리 모두 테이블에 둘러앉아 주제에 대해 열띤 토론을 하고 결론에 도달할 수는 없나요?' '진행'하려는 시도가 자발성을 해치고 모든 재미를 앗아가지 않나요? 특히 프로세스가 예상 가능하다면 말이에요."

와우! 어쩌면 그럴지도 모르겠다. 박수갈채를 노리는 사람이 없거나, 아무도 논쟁을 벌이거나, 멍청한 체 하거나, 장황하게 거드름을 피우려 하지 않는다면 말이다. 그러나 누군가 시간을 들여 워크숍을 숙고하고, 그룹이 어디에 와 있는지에 대해 성찰하고, 결론에 이르기까지 프로세스를 배후에서 관리하면, 모든 일이 훌륭한 성과를 향해서 훨씬 잘 흘러간다는 것을 경험을 통해 알 수 있다.

컨센서스 워크숍 시작

첫 번째로 결정할 일은 카드 방법을 이용할 것인지, 플립차트 접근법을 이용할지에 관한 것이다. 얼마나 많은 데이터를 원하는가? 얼마나 많은 사람들이 그룹 안에 있는가? 그룹의 규모가 큰 편이고 당신이 20가지 이상의 데이터를 필요로 한다면 카드를 이용하라. 보다 적은 데이터를 산출하는 소규모 그룹에게는 플립차트 접근법이 낫다.

10장에서 설명한 설계 및 준비 단계를 거친다. 초점 질문을 선정하는 일에 각별한 주의를 기울인다. 그 후 다음 내용을 고려한다.

1. 알맞은 환경 만들기

일부 워크숍은 야외에서 커다란 나무에 플립차트를 부착한 채 이루어지기도 하지만, 통상적으로 그룹의 규모에 맞는 회의실이 필요하다. 너무 작거나 크지 않은 회의실이 그룹의 역동성에 도움이 된다. 회의실에 칠판이나 이젤, 적당한 벽이 있는지 점검한다. 많은 사람들이 참여하는 대형 컨센서스 워크숍에 대해서는 커다란 벽 공간이 필요할 것이다. (벽 공간에 대한 13장의 내용을 보라.) 카드를 한 시간 이상 벽에 붙여두는 것에 반대하지는 않는지 고객에게 확인하는 것이 좋다.

벽에 따라 테이블 배치가 대략 결정될 것이다. 주변 공간이 충분해야 참여자들이 쉬는 시간 동안 쉽게 드나들 수 있고 벽에 있는 데이터도 모두 볼 수 있다. 회의실 뒤나 옆에 있는 간식 테이블은 사람들을 회의실에 계속 묶어두는 데 도움이 된다. 이벤트에 할당할 적당한 시간이 있는지 확인하여 프로세스를 바삐 몰아치는 일이 생기지 않게 한다.

2. 참여자들 초대하기

그룹을 초대하여 안으로 들어와 앉도록 한다. 사람 수만큼 의자를 준비한다. 당신은 테이블 앞쪽에 자리를 잡는다. 마커와 카드, 테이프 등을 가지고 있는지 확인한다.

퍼실리테이터는 회의실 앞쪽에 서는 것이 기본이지만, 이는 상징적으로도 중요하다. 그것은 당신이 진행의 책임을 맡을 것임을 보여준다. 중간에 플립차트를 두는 것은 당신이 그것을 보여주려 한다는 의도를 전한다. 그것은 일차적인 도구다.

예전에 나는 어느 병원에서 에듀케이션데이[10] 행사에 참석한 일이 있었다. 내가 강의실에 들어섰을 때, U자 모양으로 배치된 테이블과 의자, 정면의 이젤과 태블릿, 옆쪽에 마련된 간식, 가까운 화장실 등으로 아름답게 꾸며진 워크숍을 위한 이상적인 공간을 보았다. 그러나 시작 전에 강사가 이젤을 집어 들더니 강의실 앞 왼편에 쿵 내려놓고 거기서 강의를 했다. 왜, 왜, 왜? 나는 자신에게 계속 물었고, 너무도 집중이 되지 않았다. 그 탓에 왼편에 있던 사람들은 모두 왼쪽으로 고개를 틀고 필기하느라 애를 써야 했다.

나중에 나는 그 퍼실리테이터가 정체성에 문제가 있다고 판결을 내렸다. 그녀는 퍼실리테이터가 되기로 100퍼센트 결심하지 않은 것이다. 미안한 마음도 없이 그룹 앞에 서는 눈에 띄는 사람이 되기로 했을 것이다. 그녀는 옆으로 비켜나야 했다. 심히 유감스러운 일이다.

3. 시작하기

오프닝 멘트로 시작한다. 그룹이 말을 하고 있으면 대화가 자연스럽게 잦아들기를 기다린다. 당신이 기다리고 있으면 대부분의 참여자들은 조용해진다. 그러면 이렇게 말한다. "자, 시작하겠습니다." 당신은 간단한의 몸풀기로 시작하고 싶을 수도 있다. 참여자들의 짧은 자기소개나 주말에 있었던 일에 대한 가벼운 수다 같은 것들 말이다. 힘든 워크숍이 기다리고 있다면 참여자들은 조금은 미적거리고 싶을 수도 있다.

4. 워크숍 실시하기

워크숍 기법을 가지고 진행한다. 도입하기를 해주고, 초점 질문을 칠판에 쓰고, 가정을 설명하고, 브레인스토밍을 하도록 격려하고, 데이터를 분류하고, 범주에 이름을 붙이고, 성찰의 대화를 한다. (3장부터 9장을 보라.)

---

10) Education Day, 유대교 지도자 M. M. 슈이어손(M. M. Schneerson)을 기리는 미국 기념일이다.역주

퍼실리테이터 역량

스타일 문제는 눈에 띄는 존재감과 전문 기법을 어떻게 결합하는가라고 할 수 있다. 전문성 없는 카리스마는 멋진 드라마는 제공하지만 아마도 성과가 없을 것이다. 매력적인 스타일 없이 기법만 완벽하게 적용하면 성과는 훌륭하겠지만 열정이나 즐거움이 없는 시간이 돼버린다. 퍼실리테이션 활동에서 기술과 과학을 결합하는 것은 어려운 일이다. 워크숍 퍼실리테이터의 스타일과 태도는 참여적 환경을 확립하는 핵심 요인이다.

그룹이 긍정적이고 창의적인 방식으로 함께 일할 수 있다고 가정하는 퍼실리테이터는 그런 상황이 일어날 방법을 찾을 것이다. 리더가 어려움을 강조한다면 문제가 확대될 것이다. 퍼실리테이터는 발언을 유도하고, 그룹이 아이디어를 범주화하고 연관시킬 수 있는 질문을 제기한다. 뛰어난 기술과 진지한 의미 탐구의 균형이 가장 도움이 되는 스타일이다. 사람들은 눈에 보이는 패턴에 이름을 붙이고, 현실은 새로운 유형을 드러낸다. 그룹은 새로운 지식을 산출하고, 자신의 세상에 대한 공통의 이해와 의미를 만들어낸다. 그들은 현실에 대한 새로운 별자리를 함께 창조하는 것이다.

도입하기에서 워크숍 퍼실리테이터의 스타일은 컨센서스 워크숍 퍼실리테이터가 발휘할 수 있는 일련의 역량을 가장 집약적으로 보여주는 것이라 할 수 있다.

역량 1: 퍼실리테이터는 기법을 효과적으로 이용한다.

퍼실리테이터는 크고 작은 그룹에 대한 프로세스를 설계하고 지도하는 능력을 가지고 있다. 이것은 그룹이 어떤 주제에 대해서도 표면적인 고려에서 심층적인 함의로 이동할 수 있게 하는 질문을 만들고 차례로 제시하는 프로세스에 대한 친숙함을 요구한다. 그 이면에는 내용과 프로세스를 구별하는 능력, 그리고 어떤 시점에 그룹이 무엇을 필요로 하는지를 판단하는 분별력이 있다.

역량 2: 퍼실리테이터는 시간과 공간을 계획적으로 이용한다.

단지 워크숍을 위한 좋은 공간을 선택하는 것만으로는 충분하지 않다. 퍼실리테이터는 워크숍을 위한 환경을 만드는 방법도 알아야 한다. 청소원이 청소를 해놓지 않은 상태라면 퍼실리테이터가 청소를 해야 한다. 쉬는 시간에 물건들을 정돈하여, 워크숍에 알맞은 환경을 확실히 유지하도록 한다. 프로세스와 그룹 모두에게 효과적인 최선의 공간 배치 방법을 아는 것이 중요하다. 이는 사전에 공간을 점검하고 데이터를 붙여두기에 적당한 벽이 있는지 확인하는 것을 의미한다. 의도를 전달하고 서로 마주보는 참여를 극대화하도록 테이블과 의자를 배치하는 것을 뜻한다. 워크숍의 성격에 맞춰진 장식을 능숙하게 활용하는 것도 의미한다. 또한 퍼실리테이터는 그룹에 대한 일종의 메트로놈이 되어야 한다. 즉, 특정 시간에 가장 활기를 불어넣는 리듬을 감지하는 것, 그룹의 '비트'에 편승하도록 활동의 속도를 조정하는 것, 작업이 이루어지게 하고 때맞춰 마무리하기 위해 쓸 수 있는 시간을 배분하는 것 등을 말한다. (13장 '시간, 공간, 분위기 그리고 그룹'을 보라.)

역량 3: 퍼실리테이터는 참여와 창의성을 불러일으키는 데 능숙하다.

기법에 대한 지식 이상으로, 퍼실리테이터는 그룹에게 상황을 다루는 데 필요한 지혜와 창의성이 있다는 확고한 믿음을 가진 그룹의 영매가 되어야 한다. 이와 연관된 것은 참여의 분위기를 만들어내는 능력이다. 퍼실리테이터는 그룹의 숨어 있는 지혜를 유도하고, 모두의 참여를 촉진하고, 전체 그룹이 결정에 책임을 지게 하는 방법을 알고 있다. 참여와 창의성을 유도하는 그룹의 분위기를 만들어내는 능력은 여러 종류의 사람들과 관계를 맺는 다양한 방식과 관련된다. 참여자의 지혜를 유도하는 것이 가장 중요하다. 여기에서 퍼실리테이터의 감각과 기민함이 필요하다. 능숙한 퍼실리테이터는 참여자들이 초점 질문에 대한 반응으로 통찰에 집중할 수 있도록 맥락을 잡아주어야 한다.

역량 4: 퍼실리테이터는 그룹을 존중하고 그들의 지혜를 인정한다.

그룹의 다양성을 선물로 전용하는 것은 단순한 기술이 아니다. 그것은 '나도 좋고 너도 좋고' 식의 손쉬운 태도를 훨씬 넘어서는 것이다. 그룹을 존중하는 것은 삶의 경이와 인간 개개인의 본질적인 위대함을 인정하는 능력을 요구한다. 그것은 상황을 긍정적으로 해석하려는 부단한 결심과 '아니오'라고 하기 전에 '네'라고 대답하는 습관을 포함한다. 퍼실리테이터는 개개인의 지혜를 인정하고, 그룹 전체의 집단적 데이터를 존중하고, 완수한 일을 칭찬할 때 워크숍 기법이 가장 효과를 발휘한다는 사실을 알고 있다. 이것은 단지 추상적인 원칙이 아니다. 실제로 참여자의 말을 세심하게 경청하고, 침묵을 이해하고, 말하는 사람과 눈을 맞추고, 개인의 통찰을 말 그대로 받아 적는 능력과 준비성을 수반한다. 또한 당신이 다음에 뭐라고 말할지 생각하기보다 그룹 구성원의 말에 집중하는 것을 의미한다. 참여자를 존중하는 다른 측면은 혼란스러운 답을 명료해지도록 밀어붙여 진정한 통찰을 드러낼 준비가 되어 있는 것이다.

역량 5: 퍼실리테이터는 객관성을 유지할 수 있다.

퍼실리테이터의 핵심적인 역할은 그룹 프로세스에 객관성을 제공하는 것이다. 퍼실리테이터의 한 측면이 최고의 음악을 원하는 오케스트라 지휘자 같은 반면, 다른 측면은 게임에 대해 중립적인 자세를 유지하는 중요성을 아는 공평무사한 심판과 같다. 퍼실리테이터는 그룹의 아이디어에 대한 개인적인 견해는 제쳐놓고, 그들의 통찰에 대해 부정적으로 반응하지 않도록 주의한다. 이런 중립적인 자세는 그룹 에너지가 과열될 때마다 비판과 분노와 불만을 방어적이지 않게 다루는 능력을 요구한다.

역량 6: 퍼실리테이터는 그룹의 기저 역동을 '읽는' 데 숙련되어 있다.

퍼실리테이터는 그룹의 역동을 감지하는 것에 훈련되어 있다. 특히 퍼실리테이터는 그룹의 침묵을 해석하기 위해 각별한 주의를 기울인다. 그것이 혼란, 두려움, 분노, 수줍음 등 어디에서 비롯된 것인지 말이다. 이것은 특정한 지점에서 그룹의 불확실성을 감지하는 것부터 그들이 침묵에서 벗어나도록 하는 조치를 취하는 것까지 확대된다. 퍼실리테이터는 비언어적 단서로 숨겨진 의제를 재빨리 확인해야 한다. 퍼실리테이터는 이를테면 제 3의 눈으로 경청하여 참여자의 말 이면에 있는 의미를 집어낸다. 더욱 적극적인 쪽에서 보면, 퍼실리테이터는 이면에 있는 통찰을 얻고자 부정적으로 언급된 데이터를 더 깊이 탐구하고, 완전한 의미를 구하고자 불확실한 답을 파고들 수 있다.

역량 7: 퍼실리테이터는 이벤트 드라마를 계획한다.

워크숍 프로세스에 그룹이 몰두할 수 있게 하는 최선의 길은 친밀감을 발전시키는 것이다. 퍼실리테이터는 워크숍 초반에 그룹의 마음을 편하게 풀어주는 사교적인 시간을 만들어냄으로써 시작부터 친밀감을 형성한다. 그런 다음 참여자들이 기복을 겪을 때 퍼실리테이터는 작업이 이루어지도록 속도와 분위기를 바꾸고 그룹을 풀어주도록 개인적인 사례를 활용하는 것에 창의력을 발휘한다. 경험을 통해 유익한 방식으로 유머를 이용하는 능력을 쌓는다. 연습을 통해 그룹이 언제 쉬는 시간을 필요로 하고 언제 작업 속도를 변화시켜야 하는지 알 수 있는 감각을 키운다. 퍼실리테이터는 특히 정말 중요한 것을 짚고 넘어가야 하는 결정적인 순간에 대한 예민함이 요구된다. 퍼실리테이터는 그룹이 어려운 쟁점에 대한 돌파구를 추구할 준비가 되어 있는지 여부를 감지해야 한다.

역량 8. 퍼실리테이터는 프로세스를 위해 훼방을 놓는다.

퍼실리테이터는 가벼운 터치로 잡담을 부드럽게 저지하는 방법뿐만 아니라 장광설과 논쟁을 단념시키는 기민한 전술도 익혀야 한다. 특정 개인에 의한 독점을 억제하고 '까다로운' 행동에 대처하고 갈등을 효과적으로 다루기 위해 때때로 재치가 요구된다. 필요하다면 퍼실리테이터는 어려움에 대한 불평을 받아들이고 사과함으로써 그룹이 전진할 수 있게 할 각오가 되어 있어야 한다. 곤란한 상황에서 퍼실리테이터는 어떻게 그룹을 처리하여 그들이 프로세스에 대한 책임을 지게 할지 결정할 수 있어야 한다.

역량 9: 퍼실리테이터는 변화하는 상황에 민첩하게 적응한다.

퍼실리테이션은 높은 줄 위에서 균형을 잡는 것처럼 변화하는 상황에 대한 유연성을 요구하는 일이다. 퍼실리테이터는 한편에 프로세스와 결과 사이에 균형을 잡아, 참여자들의 요구와 프로세스의 요구에 조화를 이루는 법을 알고 있다. 이 기술의 뿌리는 결과에 이르는 프로세스가 결과 자체만큼 중요하다는것을 이해하는 데 있다. 예상치 않은 일이 발생할 때, 영민하게 생각하여 결정하며 기법을 유연하게 활용할 수 있는 정신적 기민함은 퍼실리테이터에게 의무적으로 필요하다.

역량 10: 퍼실리테이터는 결과물이 매우 효과적으로 정리되도록 한다.

유용한 그룹의 결과물을 제공하는 것, 즉 그룹의 통찰에 대한 문서 기록은 퍼실리테이션의 핵심이다. 프로세스가 진행되는 동안 그룹 데이터와 결정 사항들을 타이핑하도록 배정된 기록자의 도움으로 참여자들은 자리를 떠나기 전에 인쇄된 결과물을 받을 수 있다. 기록자는 그룹에서 나오는 모든 데이터를 놓치지 않고 기록하여 소프트웨어나 타자기, 복사기를 이용해서 최종 도표와 문건을 작성한다.

기본적인 요구

이러한 역량은 '의무'가 아니다. 퍼실리테이션은 단순히 효과를 내진 않는다. 최소한 다음 두 가지 조건이 충족되지 않으면 사람들은 화를 내거나 진지한 참여를 그만 두기도 할 것이다.

1. 그룹은 당신이 퍼실리테이션을 하는 동안 당신이 자신의 견해에서 분리되어 있음을 믿는다. 이는 당신이 어떤 견해도 갖고 있지 않다고 말하는 것이 아님을 주목하라. 이는 당신이 앞에 서 있는 동안 편견 없이 경청하고 있다고 그들이 믿는다는 뜻이다.

2. 당신은 당신이 퍼실리테이션을 하는 동안 자신의 견해와 분리되어 있음을 믿는다. 만약 당신이 당신의 해답 쪽으로 가도록 은밀히 그룹을 조종한다면, 이는 활동 중에 드러날 것이고 그룹은 당신에 대한 신뢰를 거둘 것이다.

어느 퍼실리테이터는 이 조건을 유지하기 위해 혼자서 주문을 거듭 반복한다. "나는 호기심이 많다." 이것은 워크숍을 시작하기 전에 그녀가 자신에 던지는 질문의 축약형이다. "이 그룹의 통찰에서 내가 배울 수 있는 새로운 것은 무엇이고, 어떻게 그들이 통찰에 이르게 할 수 있을까?" 이를 통해 그녀는 퍼실리테이션을 하는 동안 자신의 견해를 접어둘 수 있도록 기억을 되살리고 있는 것이다.

퍼실리테이터의 패러독스

컨센서스 워크숍 퍼실리테이터에게 요구되는 많은 자질은 서로 긴장 관계를 이루는 반대말로 짝지어진다. F. 스콧 피츠제랄드F. Scott Fitzgerald는 지능이 머리에서 동시에 두 개의 반대 개념을 잡고 그 기능을 유지하는 능력이라고 말했다. 퍼실리테이터가 유념하고 운용해야 하는 일부 반대 개념은 이러하다.

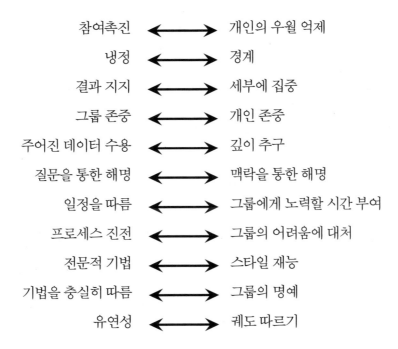

참여촉진	⟷	개인의 우월 억제
냉정	⟷	경계
결과 지지	⟷	세부에 집중
그룹 존중	⟷	개인 존중
주어진 데이터 수용	⟷	깊이 추구
질문을 통한 해명	⟷	맥락을 통한 해명
일정을 따름	⟷	그룹에게 노력할 시간 부여
프로세스 진전	⟷	그룹의 어려움에 대처
전문적 기법	⟷	스타일 재능
기법을 충실히 따름	⟷	그룹의 명예
유연성	⟷	궤도 따르기

상사 또는 전문가에 의한 퍼실리테이션

상사나 전문가가 퍼실리테이터가 되는 것은 어렵지만 불가능하지는 않다. 그들이 퍼실리테이션을 하기로 결정한다면, 몇 가지 점에서 아주 분명한 태도를 취해야 한다.

· 이해관계의 충돌을 피하기 위해, 그는 자신이 맡은 역할이 무엇인지에 대해 (전문가 또는 퍼실리테이터) 매우 명확히 해야 하고, 그가 어떤 역할을 맡기로 결정했는지 다른 사람들이 확실히 알게 한다.

- 퍼실리테이터로서 프로세스를 유지하고 다른 역할로 변경하지 않아야 한다. 그가 잠시 전문가 역할로 전환해야 한다고 느낀다면, 참여자들에게 그가 퍼실리테이터 모자를 벗고 잠시 동안 전문가 역할을 한다고 말해야 한다. 그것이 끝났을 때 그는 이제 다시 퍼실리테이터 모자를 쓰고 있다고 그룹에게 말해야 한다.
- 그는 사람들의 참여와 참여자 아이디어의 가치를 위해 전념해야 한다.
- 그는 자신의 아이디어를 낼 수 있을 때와 그럴 수 없을 때를 알아야 한다. 그가 참여자로서 워크숍에 있기를 원한다면, 테이블 옆으로 이동해야 한다.

자기 자신이 되라

조 넬슨의 멘토링을 받는 훈련생이 스타일 워크숍 후에 그녀에게 다가와 말했다. "카멜레온처럼 스타일을 변화시키는 것이나 역량에 대한 내용 모두 정말 좋았어요. 그런데 저 같은 사람은 그런 현란한 기량에 이르지 못할 거 같아요. 저는 아주 단순하고 솔직한 사람이라서 그렇게 할 수 없을 거예요."

조는 짧은 말로 그에 답했다. "좋아요. 당신이 워크숍을 할 때 그저 완전히 단순하고 솔직한 사람으로서 하세요. 그거면 충분할 거예요. 다른 특성들은 평생 개발할 시간이 있잖아요. 그게 지금 당신에게 요구되는 역량의 바로 다음 단계예요."

12장. 퍼실리테이터의 도전 과제

전사와 보통 사람 사이의 차이는 전사가 모든 것을 도전으로 보는 반면, 보통 사람은 모든 것을 축복이나 저주로 본다는 것이다.

카를로스 카스테네다Carlos Casteneda

어려운 사람 혹은 어려운 행동

워크숍 리더는 워크숍에 대한 최고의 계획을 가지고 있을 수도 있지만, 항상 계획한 대로 되는 것은 아니다. 즉석에서 대처해야 하는 상황들이 발생한다. 사람들은 흔히 묻는다. "당신은 '어려운' 참여자를 어떻게 다루나요?" 사람들의 행동이 워크숍 리더의 기술과 참을성을 극도로 시험하는 순간들이 있다.

웨인 넬슨이 들려준 이야기다.

> 퍼실리테이터 컨퍼런스에서 한 여자가 나에게 물었다. "어려운 참여자를 어떻게 다루나요?" 나는 그 질문을 피하는 쪽으로 모범적인 답을 했다. "어려운 참여자는 없습니다. ToP기법은 모든 사람을 진정한 지혜를 가진 본질적으로 가치 있는 사람으로 대하지요."
>
> "하지만 분명히..." 그녀는 밀어붙였다. "분명히 인내심이 바닥날 정도로 심하게 괴롭히는 부담스러운 사람들을 맞닥뜨리는 일이 있지 않나요?"
>
> 나는 말했다. "그래요. 고백하자면 어떤 사람들의 행동은 사람을 고문대 위에 올려놓는 것 같지요. 거기서 아주 괴롭힘을 당하거나 탈출해야겠지요. 하지만 그건 퍼실리테이터의 기술을 시험하는 진짜 시험대인 셈이에요."

그러므로 '어려운' 참여자는 없고, 단지 어려운 행동이 있을 뿐이다. 아니, 퍼실리테이터의 리더십에 부담을 주는 행동만 있을 뿐이다. 그렇게 구분하는 것은 마치 머리카락 쪼개기처럼 여겨지지만, 근래에 우리는 모두 어떻게 우리의 이미지가 우리의 행동에 영향을 미치는지 이해하고 있다. 워크숍 리더가 워크숍 전이나 진행 중에 어떤 참여자나 행동이 '어렵다'는 이미지를 마음에 품고 있으면, 그는 의식적으로 혹은 무의식적으로 그 참여자를 다르게 대하고 그의 발언을 무시하려 할 것이다. 그런 사람의 말은 경청되지 않고 그는 보탬이 될 만한 실제 지혜를 가진 본질적으로 가치 있는 존재로서 인정받지 못할 것이다.

우리 모두 상기해야 할 점은 흔히 퍼실리테이션은 개개인이 생각하고 활동하고 최선을 다할 수 있게 하는 일에 비해서, '어려운' 행동을 다루는 것에 덜 집중한다는 것이다. 퍼실리테이터는 부정적인 것에 반응하기보다 긍정적인 것을 강조한다. 동시에 우리는 그룹 내의 곤란하고 불쾌한 행동의 대부분이 참여를 제한하는 환경에 근거한다는 것을 인식해야 한다. 퍼실리테이터의 역할이 행동 통제에 집중되면, 부정적 행동은 표면화될 것이다. 어려운 행동의 상당수가 사람들의 말을 경청하거나 그들을 긍정적으로 대하지 않는 나쁜 프로세스에서 비롯된다.

사람들을 둘러싼 환경은 종종 그들이 어떻게 참여하는지에 영향을 끼친다. 즉, 경청에 대한 자발성, 자신의 말을 들어줄 것이라는 기대, 논쟁을 벌이는 경향 등에 영향을 준다. 개인에 대한 본질적인 존중 및 논쟁이나 분석보다 아이디어를 통합하는 토대를 지닌 워크숍과 같은 효과적인 프로세스를 끌어들인다면, 당신은 퍼실리테이터로서 그 환경을 극적으로 변화시킬 수 있다. 그러면 참여자들은 상황에 다르게 반응할 것이고 예상되던 많은 문제가 사라질 것이다.

'어려운 행동' 즉, 퍼실리테이터의 전문 기술에 부담을 주는 것이 워크숍에서 어떤 모습으로 나타나는지 살펴보자.

1. 워크숍 가로채기

대학교수가 자신의 강의로 워크숍을 가로채면서 참여자들의 말을 공격하고 다른 참여자들은 그 주제를 다룰 자격이 없다는 태도를 보일 때 어떤 일이 일어날까? 어느 퍼실리테이터의 경험담이다.

> 얼마 전에 나는 건강 전문가들을 대상으로 한 워크숍을 맡았다. 두 번에 나누어 이루어진 워크숍은 연결된 과정이었다. 둘째 날, 새로운 참가자들이 있었기 때문에 나는 그들이 내용을 따라 잡을 수 있도록 지난 시간을 돌아보는 대화로 시작했다. 학식 있고 존경받는 대학교수인 참여자 한 사람이 그 성찰적 토론을 가로채려 했다. 간략한 검토를 의도했던 시간은 교수의 길고 지루한 평론을 듣는 시간으로 변했다. 그는 사람들이 지난시간에 말한 것들을 비난했다. 그는 다른 참여자들은 그 주제를 다룰 자격이 없고 자신만이 가장 잘 안다는 뜻을 내비쳤다.
>
> 우리는 그의 말을 끝까지 들어주고 나서 뒤늦게 두 번째 워크숍을 본격적으로 시작했다. 흥미로운 사실은, 내가 일단 카드를 이용한 브레인스토밍 워크숍을 시작하자 그가 그룹에 녹아들었고 덕분에 조금 전까지 멀찍이 떨어져 있던 사람들까지 모두 활발하게 참여하게 되었다는 것이다. 브레인스토밍 프로세스를 통해 그 교수가 집중할 수 있었고 소극적인 지역 대표들도 자신의 아이디어를 내놓을 수 있었다.

이렇게 가로채는 행동을 없애는 간접적인 방법이 있다. 워크숍을 시작하면서 모두의 생각이 가치 있고 최상의 결과에 필요하다는 점을 강조하는 것이다. 도입하기와 초점 질문을 마친 후에, 참여자들에게 시간을 주고 그들의 답을 말하기 전에 적어보게 한다. 또한 목표로 삼는 종류의 응답을 예로 들어준다.

첫 번째 질문에 대해, 개개인으로부터 응답을 한 가지씩 받는 것이 도움이 된다. 이는 모든 사람들의 긴장을 풀어주고 이어지는 참여를 더 수월하게 만드는 경향이 있다. 그런 다음 그룹 전체 토론을 시작한다. 참여자들의 아이디어를 존중하는 태도로 인정한다. 이는 모든 사람의 참여를 촉진하기 때문이다.

어느 퍼실리테이터는 이런 행동을 보다 직접적으로 다룬다. 그는 교수의 말을 정중하게 경청하고 나서, 교수가 한숨 돌리는 틈을 놓치지 않고 말한다. "말씀 잘 들었습니다." 몇 가지 요점으로 그의 말을 정리하고 나서 "또 다른 분?"이라고 한다. 요령은 기회를 기다렸다가 재빨리 치고 들어가는 것이다. 교수가 한 말의 요점을 브레인스토밍에 확실히 포함시킨다. 카드를 범주에 정리하기 전에, 회의실 여기저기에서 한 사람 이상, 보통은 서너 명이 고개를 끄덕이는지 항상 확인한다. 이는 한 사람이 혼자서 결과를 조종할 수 없다는 것을 보장해준다.

2. 문제아

참여의 첫 번째 단계가 아이디어를 끌어내고 사람들이 실제로 서로의 말을 들을 수 있게 하는 것임은 자명한 이치로 여겨진다. 그룹 중의 누군가 쌓였던 불만을 터뜨리기로 결심한다면, 당신은 단순히 그 말을 받아 적을 수 있다. 그 참여자는 아마도 꽤 놀랄 것이다. 어떤 사람들은 적이나 아웃사이더 또는 별로 중요치 않은 사람으로 치부되는데 익숙하다.

한 퍼실리테이터가 공공부문 관리자 그룹과 전략 기획 워크숍을 준비하면서 그룹 리더 중 한 사람인 모니카에 대한 경고를 받았다. 모니카는 거슬리고 뻔뻔하고 까다롭다는 평판이 자자했다. 퍼실리테이터는 워크숍을 준비하면서 도대체 모니카를 어떻게 다루어야 할지 궁리를 했다. 워크숍을 시작하면서 퍼실리테이터는 서로의 의견에 대한 존중의 중요성을 강조했다. 적극적인 경청에 대해 얘기하고 참여자마다 토론에 기여할 것을 확실히 해두었다. 그는 세 번의 워크숍이 있은 후에 경고 받았던 행동을 보여주는 사람은 아무도 없었다는 사실을 깨달았다. 그는 문제의 인물이 회의실에 있는지 찾아보았고, 그녀는 확실히 그 자리에 있었다.

전체 토론이 존중을 바탕으로 이루어졌기 때문에, 참가자들이 모니카의 아이디어를 경청하였고, 워크숍은 창의적이고 생산적이었으며 잠재적으로 파괴적인 행동은 전혀 표면화되지 않았다. 모니카는 표정이 부드러워졌고 창의적이고 유익하게 기여했다.

3. 지나친 참여

과하게 참여하는 구성원도 있을 수 있다. 그들의 창의성이 거품처럼 흘러넘치고 아이디어가 쏟아져 나오면, 다른 사람의 참여는 방해를 받는다. 여기서는 간접적인 접근이 유용하다. 몇몇 사람들이 대화의 대부분을 끌고 가는 것처럼 보이면, 다른 사람의 말을 들어보도록 단순히 요청한다. 회의실 반대편에 있는 사람이나 아직 발언하지 않은 사람에게 응답을 요구한다. 그러면 대개 메시지가 통하게 된다. 이처럼 부드럽게 상황에 개입하는 것은 상당한 예민함을 필요로 하지만, 목소리 큰 사람들은 자신의 행동을 돌아보고 그룹은 평등한 참여를 할 수 있는 계기가 된다. 조용한 참여자에게 직접적으로 발언을 요구하는 것은 위험하지만, 친절하게 존중하는 태도로 청한다면 사람들이 자기 목소리를 찾는 데 도움이 될 수 있다.

4. 조용한 사람

퍼실리테이션 저술가 샘 카너는 그룹 내의 조용한 사람이란 현상을 고찰한다.

사람들은 폭넓고 다양한 이유로 인해 정말로 생각하고 있는 것을 말하기 꺼린다. 때때로 그들은 위험성을 너무 크게 느끼기 때문에 뒤로 물러나 있다. 하지만 사람들은 자신의 아이디어가 말할 가치가 있는지 확신하지 못하기 때문에, 또는 아이디어의 핵심을 완전한 형태로 바꿔 말할 수 없기 때문에 침묵을 지키기도 한다. 참여자들에게 약간의 지지를 보내거나 슬쩍 찌르듯이 참여를 유도하면 더 진전된 모습으로 자신의 생각을 말하는 경우가 많이 있다. 하지만 그런 지지가 없으면 그들은 대체로 조용히 자리를 지킨다.

대규모 그룹 안에서는 많은 사람들이 조용히 있으려는 성향을 보이지만, 특정 질문에 집중하는 작은 팀에서는 조용한 사람도 보다 적극적으로 참여하게 되고 몇몇 목소리 큰 사람이 토론을 독점하는 것도 어려워질 것이다. 각각의 팀은 일정한 할당과 일련의 절차, 그리고 그룹의 각 구성원들에게 번갈아가며 첫 번째 질문을 던질 사람이 필요하다.

사람들은 서로 다른 방식으로 참여하고 배운다. 다양한 스타일을 인정하고 비언어적 기법(그림, 도표, 이야기, 드라마 등)을 활용하는 것은 사람들이 그들의 강점을 강조하는 방향으로 참여하는 데 도움이 된다. 사고와 상호작용에 대한 몇 가지 유형을 활용하는 것은 조용한 사람들을 직접적으로 다루는 것보다 참여의 균형을 잡는 데 더 효과적이다.

어떤 사람들은 다른 사람이 하고 있는 말을 이해할 수 없을 때 관심을 꺼버린다. 그런 경우 합당한 제안은, 참여자들이 발언자에게 분명한 설명을 요청하도록 하는 것이다. 때로는 살짝 다른 식으로 말해주는 것만으로도 충분하다. 아이디어를 다시 말하거나 설명하는 것은 시간이 거의 들지 않는다. 발언자에게 짧은 답을 요청하면 된다.

토론토의 퍼실리테이터 존 밀러는 어떻게 이 워크숍 기법의 각 단계가 다양한 학습 수용력을 불러일으키는지에 대해 논평했다.

프로세스의 다양한 단계들이 다양한 종류의 사고를 끌어들임으로써 사람들이 자신의 사고 선호에 따라 워크숍의 각 단계에 참여할 수 있다는 것은 분명해 보인다. 이 점을 명심하면 퍼실리테이터는 프로세스를 신뢰할 수 있고 그룹 구성원으로부터 다양한 수준의 참여를 받아들일 수 있다.

예를 들면, 나는 브레인스토밍은 잘 못하지만 범주 이름짓기에는 적극적으로 나서는 사람을 본 적이 있다. 카드들 사이의 연관성을 찾는데 가장 날카롭게 참여하며 동료들을 도와 아이디어 범주를 만드는 사람들도 본 적이 있다. 심지어는 전체 프로세스를 간신히 견디다가 결정이 구체화되고 모든 사람들이 약속하는 마지막 단계에 가서야 활기를 띠는 사람도 있다.

5. 막말하기

소란스럽고 다소 선동적인 방식으로 말하는 참여자들을 대할 수도 있다. 이 경우에, 당신은 그들의 응답이 질문에 대한 보다 직접적인 답이 되도록 다시 말해달고 계속 요청해야 한다. 그 참여자는 아마도 요지를 이해하고 웅변 소리를 낮출 것이다. 노력이 약간 필요하겠지만, 정중하게 이루어진다면 효과가 있을 것이다. 때때로 퍼실리테이터는 참여자의 말을 조심스럽게 다시 정리하여 의미의 핵심은 잡아내면서도, 다른 참여자가 통찰을 듣지 못하게 가로막는 격렬한 에너지는 지워버릴 수 있다. 그 사람이 퍼즐 조각을 갖고 있다는 가정에서 출발하면, 퍼실리테이터는 존중하는 태도로 그 일을 할 수 있을 것이다.

간혹 그룹 안의 누군가 비열한 언사, 즉 남을 모욕하는 농담이나 헐뜯는 말을 할 것이다. 비열한 말은 일반적으로 목표가 된 사람을 기분 나쁘게 하고 그룹에게 도움이 되지 않는다. 로저 슈와츠Roger Schwartz는 비열한 언사의 대상이 되었던 사람은 그 말에 대해 생각하느라, 혹은 나중에 영리하게 되갚아줄 말을 떠올리느라 시간을 보낸다고 지적했다. 그 사람은 프로세스에 집중할 수 없게 되는 것이다. 그 결과 나중에 동의가 보류되는 일이 생길 수도 있다. 아주 드문 경우, 워크숍이 좋은 분위기로 마무리되는 듯하다가 갑자기 이런 말이 나올 수 있다. "글쎄요. 나는 이 결정을 실행할 마음이 전혀 들지 않아요. 정말이지 워크숍에 동의하지도 않고요." 여기서 당신은 결과의 어느 부분에 동의하지 않는지 또는 무엇이 문제인지 물어볼 수 있을 것이다. 그룹이 구체적인 것에 대응할 수 있도록 자세한 사항을 알아내야 한다. 간략한 도입하기를 하거나, "틀린 답은 없다." 또는 "모두의 지혜가 필요하다." 같은 워크숍의 가정을 다시 참조할 필요가 있을지도 모른다.

6. 뜨거운 논쟁

당신이 워크숍을 진행하는 중에 논쟁이 터져 나온다고 가정해보자. 당신은 무엇을 할 것인가? 기초적으로 확실히 이해해야 할 것들이 있다.
- 긴장은 그룹이 건강하고 생각하고 있다는 신호다.
- 관점의 다양성은 건전하고 바람직한 결정을 보장하는 가치가 있다.
- 그룹은 관련된 시각을 이해하고, 쟁점을 마무리하고, 선택을 해야 한다.
- 대부분의 논쟁은 사람들이 실제로 가장 중요한 질문들에 이르고 선택을 향해 나아갈 때 발생한다.

비결은 원래의 초점 질문과 관련된 대화를 분명하게 유지하고, 아이디어들이 서로 반대편에 서기보다 독립적으로 서게 하는 것이다. 가령 메리 스미스의 독자적인 아이디어가 벤 존스의 독자적인 아이디어의 뒤를 이어 발언될 때, 벤은 메리의 아이디어가 단순히 다른 아이디어라고 생각하기보다 자기 아이디어를 반박할 의도라고 추정할 수 있다. 그러면 벤은 쓸데없이 화를 내게 된다.

이 경우에, 그룹에게 원래의 질문으로 돌아가라고 말하고 자신의 관점을 차례로 분명하게 말하라고 요청한다. 그러면 다양한 시각들이 나란히 설 수 있다. 그룹이 다양한 관점에서 본래 가정들을 검토하게 하는 것이 도움이 된다.

각각의 참여자에게 묻는다. "당신은 왜 그렇게 생각합니까?" 그런 다음 그들은 함께 생각하고 필요한 선택을 할 수 있다. 이 방법은 그룹이 복잡성을 다루고 공통의 정신을 형성하도록 도와준다. 논쟁 양상에서 벗어나 합의 수립으로 바뀌면, 세상이 달라 보이게 된다. 사람들은 자신의 아이디어가 인정받길 원하고, 컨센서스 워크숍은 압박이나 경쟁 없이 그런 일이 일어나게 한다.

논쟁이 뜨거워지면, 때로는 퍼실리테이터가 개입해서 흐름을 끊고 다시 구축해야 한다. 집중 대화 기법의 네 단계를 이용하여, 대화에 집중하는 일련의 질문들을 그 자리에서 만들어낸다. 이는 참여자들에게 뒤로 물러나 성찰하고, 서로의 감정과 신념 이면에 있는 관련 경험들을 듣는 방법을 제공한다. 대화가 적절한 지점까지 진전되었을 때, 보다 중립적인 사람에게 그들이 어떤 합의를 보았다고 생각하는지 묻는다. 이런 상황에서는 사람들이 존경심을 보이고 핵심적인 질문에 집중하는 것이 중요하다는 점을 이해하며, 개인에 대해 판단하는 말은 내뱉지 않는다. 당신은 이 점을 그룹에게 직접적으로 말해야 할 것이다.

대화가 과열되거나 해결이 불가능해 보일 정도로 엉켜 있다면, 잠깐의 휴식이 도움이 될 수 있다. 사람들이 일어서기 전에 그들이 생각해 봐야할 질문을 남겨준다. 그들이 돌아왔을 때, 이미 설정된 주요 사항에 대한 개요를 설명하고 가장 합리적인 결론을 향해 대화를 계속한다. 간혹 개별적인 대화시간을 가지거나 다른 워크숍이 필요할 수도 있다. 또 다른 옵션은 소규모 태스크포스를 구성하여 문제를 고려하도록 하고 그룹에게 권고안을 가져오도록 하는 것이다. 그 보고서와 대화는 대개 결의안이나 합의문으로 이어진다.

7. 선도위원

어느 워크숍을 시작할 때, 한 여자가 일어나 자신이 준비해 놓은 분석 및 제안 보고서를 발표하기 원했다. 리더가 그녀에게 회의 프로세스는 모든 이의 통찰을 활용할 것이라고 말했지만, 그녀는 그룹이 즉시 그녀의 보고서를 다루어줄 것을 요구했다. 팽팽하고 완고한 순간이었다. 그런 사람이 그녀 혼자만은 아니라는 것이 분명해졌다. 회의실의 다른 많은 사람들도 주제와 관련하여 많은 의견을 가지고 있었고, 다른 사람들이 그것을 들어주기 원했다. 시간을 들여 경청하고, 공감하고, 다른 사람도 주제에 관심을 갖고 있다는 것을 알게 하자, 그녀는 마지못해 물러나 납치당한 사람처럼 그룹에 참여했다.

사람들은 참여의 질과 유익한 결과를 얻는 것에 대해 염려한다. 일이 잘 되지 않을 것을 걱정하다보면 그들은 프로세스에 대한 의문을 제기할 수 있다. 질문들에 답할 시간을 갖는다. 진정한 질문은 진짜 답할 가치가 있다. 그러나 프로세스가 주된 초점이 된다면, 당신은 시간과 에너지를 소모하게 될 것이다. 워크숍이 진행 중이라면, 그런 질문은 따로 적어서 가져오게 하는 것이 좋다. 나는 그런 질문들에 보다 유익하게 집중할 수 있을 때 한꺼번에 다루는 편이다. 퍼실리테이터는 그룹에게 선택사항들을 주고, 그룹에게 대안과 합의를 제공하며, 그룹이 다른 대안을 만들거나 선택하게 할 수 있다. 이는 시간을 소모할 수 있지만, 그룹은 선택된 프로세스를 신뢰하게 될 것이다.

때로는 마치 온 우주가 공모라도 한 것처럼 퍼실리테이터에게 정말 힘든 시간이 다가올 수 있다. 고객은 불만스러워 하며 지나친 요구를 하고, 그룹은 심술궂고 시비걸기 좋아하며, 공간은 비좁고 불편하며, 간식은 엉뚱한 때에 제공된다. 이럴 때는 "왜 하필 나지? 난 꽤 훌륭한 퍼실리테이터인데."라고 하소연하기 십상이다. 그러나 누군가의 말처럼, "당신이 좋은 사람이기 때문에 세상이 당신을 공정하게 대할 것으로 기대하는 것은, 당신이 채식주의자기 때문에 황소에게 짐을 싣지 않을 것으로 기대하는 것과 같다."

퍼실리테이터는 「중산모를 쓴 남자The Man in the Bowler Hat」 이야기를 기억해두는 것이 좋을 것이다. 원래 4분짜리 영화인 이 이야기에는 중산모를 쓰고 좁은 길을 걷고 있는 남자가 나온다.

> 그는 벽돌담에 다다른다. 그는 옆에 가서 앉는다. 잠시 후에 다른 작은 남자가 중산모를 쓰고 좁은 길을 걸어온다. 그는 벽돌담을 보더니, 뒤로 물러섰다가 온힘을 다해 돌진해서 머리로 벽을 들이박고는 벽돌 더미 위에 쓰러진다. 첫 번째 남자가 일어나 벽에 난 구멍을 통해 다른 남자를 넘어 좁은 길을 계속 걸어간다. 갑자기 또 다른 벽이 그에게 나타난다! 또 다시 그는 옆으로 비켜나 앉는다. 그때 중산모를 쓴 두 번째 남자가 기운을 좀 차리고 나타나, 벽을 보더니, 뒤로 물러섰다가, 온힘을 다해 돌진하여, 두 번째 벽을 들이받는다. 옆에서 기다리던 남자가 지나간다.

다가오는 어떤 도전이든 계속 처리하는 능력은 퍼실리테이터에게 요구되는 일종의 강인함이다. 즉, 그룹이 가는 길을 막아 선 모든 벽을 계속 들이받아 역경을 통과하고 미래로 나아가는 것이다.

8. 도전자

이따금 참여자가 스스로 퍼실리테이터가 되어 당신의 자격이나 회의 프로세스 자체에 의문을 제기할 수 있다. 어떻게 할 것인가? 자신과 프로세스를, 프로세스와 결과를 각각 분리하는 능력이 성공의 비결이다. 궁극적인 질문은, "그룹이 필요로 하는 결과를 얻기 위해 어떤 일이 일어나야 하는가?"이다. 그룹이 이용하지 않을 프로세스로부터 결과를 얻을 수는 없다. 당신은 그룹이 당신의 길을 따르도록 설득하거나, 대안을 제시하거나, 그룹이 자신의 모델을 만들도록 토론 자리를 마련할 수 있다. 사람들은 옵션과 결과를 신중하게 검토해야 한다. 토론 후에 쓸 수 있는 시간을 확실히 알려준다. 이것은 퍼실리테이터와 그룹에게 힘든 일이기는 하지만, 그들은 경험을 학습하면서 아주 창의적이 될 수 있다. 그러니 부드럽고 가볍게 진행해본다. 퍼실리테이터는 인내심과 유연성, 그룹이 그 쟁점에 대하여 끝까지 노력할 역량이 있다는 신뢰가 필요하다.

9. 예측불허

때때로 예측불허의 일이 발생한다. 조 넬슨(Jo Nelson)의 이야기처럼 말이다.

나는 수상비행기로만 접근할 수 있는 옐로우나이프 북부 호숫가에서, 40명의 딘 가문 사람들과 작은 방에서 워크숍을 하고 있었다. 딘 가문은 순록 사냥꾼들이다. 어느 순간 방이 너무 더워졌다. 나는 우리 모두 잠시 밖으로 나가는 것이 좋겠다고 생각했고, 그래서 우리는 휴대용 화이트보드를 들고 나가 신선한 공기 속에 워크숍을 이어갔다. 비가 왔을 때 우리는 머리 위로 방수천막을 설치하고 피크닉 테이블에 앉아 아이디어를 적고 카드의 범주를 만들었다.

어느 순간 순록 떼가 호숫가에 나타났다. 그룹의 의지는 아주 분명했다. 그들은 나를 쳐다보았다. 나는 고개를 끄덕였고, 그룹의 절반이 라이플총을 집어 들고 순록 사냥을 갔다. 그들은 사냥에서 돌아오면 이름짓기를 하겠다는 약속을 남겼다. 그룹의 나머지 사람들은 흔들리지 않았다. "우리는 저렇게 범주를 남겨둘 수 없어요. 우기가 이름을 지을 거예요." 그래서 그들이 이름을 지었다. 사냥 갔던 사람들이 순록을 가지고 돌아왔을 때, 그들은 이미 정해진 이름을 보았다. 그들은 다른 사람들이 표현한 작업을 받아들였다. 그리고 그날 밤 모두가 순록 파티를 즐겼다.

이는 아마도 컨센서스 워크숍 역사상 참여자들이 서류가방과 고성능 라이플총을 함께 들고 들어온 유일한 순간이었을 것이다. 완전히 계획을 뒤엎는 이런 사건들은 퍼실리테이터에게 참여자들이 정말로 워크숍의 주인이라는 것을 상기시킨다.

문제를 다루는 기법의 활용

당신은 이상의 각 사례들에서 도움 되지 않는 행동에 대한 대응책으로 비범한 수단이 사용되지 않았다는 점을 알아차렸을 것이다. 아무도 회의실 밖으로 쫓겨나거나 엄한 제제를 받지 않았다. 퍼실리테이터와 참여자 사이의 전면 충돌이 없었다. 어느 순간도 퍼실리테이터는 행동 상담가로 변하지 않는다. 그런 행동에 대처하기 위해 활용된 것은 기법의 다양한 측면들뿐이다.

- 장황한 말 요약하기 및 그 주요 요점을 브레인스토밍에 포함시키기
- 참여자의 아이디어에 대한 존중 강조하기

- 모든 사람에게 두루 응답 구하기
- 또 다른 질문 던지기
- 초점 질문으로 돌아가 참조하기
- 쉬는 시간 갖기
- 명확성을 위한 질문 촉진하기
- 도입하기를 되풀이하기

워크숍은 행동 심리 조정이나 참여자 상담을 위한 자리가 아니다. 모든 참여자들이 마땅히 존중받을 때, 이상한 행동들은 점차 사라질 것이다.

우리가 대화를 시작하고 진정한 참여를 이룰 때 우리는 형세를 역전시키고 있다는 사실을 기억할 필요가 있다. 우리가 모든 응답을 받아들이고 존중할 때, 높은 권위나 독점적 지식이 모든 사람의 공동 지혜보다 중요하다고 주장하는 사람의 코를 납작하게 누를 수 있다. 합의 수립은 공통의 의지를 형성하고 새로운 스타일로 변화할 수 있게 한다.

어느 신참 퍼실리테이터가 이 장을 읽고 나서 말할 지도 모른다. "당신은 사람들한테 엄청나게 많은 걸 바라고 있어요!" 사실이다. 하지만 훌륭한 워크숍 퍼실리테이터가 되는 마라톤 여정에서, 그것은 요구되는 숙련의 단 몇 미터에 해당할 뿐이다. 전체 42.195km가 아닌 것이다. 「뉴욕데일리뉴스New York Daily News」의 카툰 작가 빌 가토Bill Gatto가 카툰을 그리는 데 얼마나 걸리는지 묻는 질문에 이렇게 답했다. "두 시간 하고도 40년." 고참 퍼실리테이터가 훌륭한 컨센서스 워크숍을 하는 데 얼마나 걸리는지 질문을 받는다면 아마 같은 대답을 할 것이다.

13장. 시간, 공간, 분위기, 그룹

> 불행하거나 불만스러운 상황을 변화시키기 위해 당신이 해야 할 일의 전부는 '나는 이 상황이 어떻게 변화하길 원하는가?'라는 질문에 답하는 것이다. 그런 다음 그 길로 향하는 활동에 완전히 전념한다.
>
> 아지 테일러 모튼Azie Taylor Morton

워크숍을 성공적으로 이끌기 위한 주된 비결은 유능하고 세련되게 기법을 실행하는 것이다. 하지만 다른 비결들도 있다. 앞으로 언급되는 구성 요소들에는 다음의 기초적인 가치가 깔려 있다.

- 일을 완수하기 위해 필요한 것
- 간접적으로 그룹에게 소통되는 것
- 프로세스 존중과 그룹 존중 사이의 긴장 유지

효율적인 시간 관리

효율적으로 시간을 관리하는 것은 워크숍 일정 짜기, 일찍 도착하기, 적당한 때에 시작하기, 프로세스 속도 조절하기, 제시간에 끝내기 등과 관련된다.

1. 세심하게 일정 짜기

워크숍은 참여자를 고려하여 일정을 짜야 한다. 이는 일단 참여자들이 올 수 있는 시간을 잡아야 한다는 의미다. 리더는 그룹의 연간 일정을 알아두고 다른 일이 걸린 시간은 피해야 한다. 어떤 그룹에게는 하루 중 적절한 시간으로 일정을 짜는 것이 중요하다. 대부분들의 그룹은 오후 세 시 이후 또는 업무를 마감하기 바로 전쯤에는 반짝이는 아이디어를 많이 떠올리지 못할 것이다. 참여자들과 상의하여 알맞은 날짜와 시간을 잡는 것이 좋다.

주제를 제대로 다루기 위한 충분한 시간을 잡는 것도 중요하다. 어떤 그룹은 어려운 결정을 내리는 데 충분한 시간을 주지 않는 실수를 저지르기도 한다. 단순한 주제에 대한 워크숍은 30분 정도 걸릴 것이다. 신중하고 진지한 대화를 필요로 하는 것은 3~4 시간이 걸릴 것이다. 대부분 워크숍은 효과적인 결과를 얻는 데 최소한 1~2시간을 필요로 한다.

2. 일찍 도착하기

효과적인 워크숍 리더는 일찍 현장에 나와 준비를 완전히 함으로써 그룹을 존중한다. 사람들이 도착하기 시작할 때 모든 것이 준비되어 있어야 한다. 이런 시간 엄수를 통해 모든 세부 사항을 효과적으로 준비하고 주의를 기울일 수 있다. 일찍 온 퍼실리테이터는 참여자들을 환영하고 적극적으로 일에 임하는 분위기를 조성한다. 시간을 지키는 것은 워크숍이 진지한 것임을 전달한다.

어떤 퍼실리테이터들은 워크숍에 늦게 들어와 허세를 부려가며 자신이 얼마나 바쁜지 떠드는 것으로 유명했었다. 그것은 참여자의 요구에 초점을 맞추기보다 '나를' 전달하는 것이다. 워크숍 퍼실리테이터는 개인적인 일은 모두 접어두고 참여자에 집중할 수 있어야 한다.

3. 적당한 때에 시작하기

모든 그룹은 그들의 문화가 있다. 시간이 매우 세심하게 계획되는 동안, 워크숍 계획은 그룹의 기준과 예상에 균형을 이루어야 한다. 따라서 소수의 참여자들과 정시에 시작하는 것은 나머지 참여자들보다 그들을 더 존중한다는 의미로 전해질 수 있다. 그러나 공표된 시작 시간을 너무 많이 넘기도록 허용하는 것은 정각에 오려고 노력한 사람들을 존중하지 않는 것이다. 자리에 있는 사람들과 시작 시간을 상의하는 것이 대체로 도움이 된다. 그룹은 시작 시간을 선택하고 지각한 사람을 참여시킬 계획도 세울 수 있다.

4. 프로세스 속도 조절하기

속도 조절은 효과적인 퍼실리테이션의 비결이다. 속도 조절은 프로세스의 요구뿐만 아니라 당일의 시간에 관계된다. 워크숍 리더는 항상 시간을 의식한다. 장거리 달리기처럼 리더는 빨리 나갈 때와 속도를 늦출 때를 알고 있어야 한다. 시간을 지속적으로 주시할 필요가 있다. 어떤 퍼실리테이터는 책상 위에 시계를 두기도 한다. 퍼실리테이터가 앉아 있으면, 대체로 속도가 늦춰지고 보다 사색적이게 된다. 너무 빠른 진행은 결과가 미흡해질 징조다.

속도에 변화를 주는 것은 워크숍의 흥미를 유지할 수 있고, 회의실을 돌아다니는 것은 속도를 올릴 것이다. 느린 속도는 세심하고 신중한 대화에 유익하다. 빠른 속도는 직관의 활용을 촉진할 수 있다. 똑같이 느리고 단조로운 리듬을 쭉 따르는 것은 참여자들을 잠에 빠뜨리기 쉽다.

5. 제시간에 끝내기

워크숍 리더는 시작할 때를 기다려야 할 수도 있지만, 협의된 시간에 끝내는 것은 거의 언제나 필수적이다. 참여자들은 흔히 예정된 종료시간을 토대로 몰입하며, 시간이 초과되면 사람들의 몰입수준이 떨어진다. 시간 연장이 필요하면 그룹과 상의해야 한다. "10분 더 연장할 수 있을까요?" 추가 시간이 많이 요구되면 다음 워크숍의 일정을 잡아보도록 한다. 워크숍을 시작할 때, 그룹 구성원 중에 워크숍이 연장될 경우 불편해지는 사람이 있는지 확인하는 것이 바람직하다. 비행기를 타야 하거나 특수한 건강 상태를 가진 사람이 있을 수도 있다.

공간 관리

리더로서 당신은 워크숍 공간을 심미적으로 만족스럽고 실질적으로 유용하도록 정돈해야 한다. 잘 준비된 공간에 테이블과 의자가 줄맞춰 있다. 또한 공간에는 적당한 벽과 장식이 있다. 잘 준비된 회의실은 '우리는 일을 할 예정이다. 여기서 할 일은 중요하다.'는 뜻을 전달한다.

효과적인 작업 공간

워크숍이 진행되는 동안 참여자들을 위한 테이블과 의자를 충분히, 그러나 너무 많지는 않게 마련한다. 플립차트와 그것을 받칠 이젤도 있어야 한다. 당신에게 필요한 재료들이 제자리에 있는지 항상 확인한다. 테이블 주위로 충분한 공간이 있어야 참여자들이 쉬는 시간에 수월하게 드나들 수 있다. 회의실 뒤편에 간식이 마련된 테이블은 그룹이 긴 워크숍 동안 회의실을 벗어나지 않게 해준다.

워크숍의 환경은 언제나 메시지를 전달한다. 세상에서 가장 훌륭한 워크숍 리더조차 아무것도 끌어낼 수 없을 만큼 아주 형편없는 공간도 있다. 그렇지만, 결의가 굳은 퍼실리테이터는 어떤 공간에서라도 최선을 다할 수 있다. 웨인 넬슨이 우간다에서 겪은 일이 있다. 당시 그는 우간다의 수도인 캄팔라 변두리에서 60명이 참여한 지역사회 개발 워크숍을 이끌었다. 그가 본 지역 강당에는 연단 하나에, 문도 없고 바닥도 더러웠다. 그들은 먼저 청소를 했고 훌륭한 워크숍을 할 수 있었다.

벽

카드를 붙일 벽을 고르는 것은 어려울 수 있다. 최소한 가로 세로 약 2m 가량의 평평하고 비어있는 수직 벽이 필요하다. 정면 벽에 칠판이나 화이트보드가 부착되어 있으면, 그것을 어떻게 다룰 것이지 생각하거나, 측면 벽이 정면이 되도록 변경하고 좌석을 그쪽 방향으로 돌려야 한다.

좋은 벽과 나쁜 벽

최고의 벽	최악의 벽
약간 광택이 있는 매끄러운 벽	• 벽돌로 된 벽 • 골이 진 벽 • 장식 몰딩이 있는 벽 • 칠이 벗겨지는 벽

어떤 상황은 정말로 워크숍 리더의 창의성을 시험한다. 한 워크숍 리더는 아이디어를 붙일 곳을 찾지 못해 결국 샹들리에에 그룹의 아이디어를 붙였다. 또 다른 퍼실리테이터는 19세기 후반에 지어진 오래된 집에서 워크숍을 해야 했다. 그 집은 벽이 실크로 도배되어 있었기 때문에 아무 것도 붙일 수 없었다. 그는 그룹의 아이디어를 문에 붙이고 나서 벽난로에 매달린 테이프 고리로 옮겼다. 또 다른 퍼실리테이터는 캐나다 북쪽 끝에서 워크숍을 하면서 카드를 인디언 천막에 붙여야 했다. 인도의 한 마을에서 있었던 어느 워크숍에서는 플립차트 종이를 바오밥 나무에 붙였는데, 거기에 글씨를 쓰는 것은 정말 묘기였다. 벽이 사용하기 곤란한 상태라면, 스프레이 접착제가 매끈한 표면을 마련하는 데 매우 유용할 수 있다. 공간이 어떠하든지, 당신은 그룹 앞에 아이디어를 준비해 줘야 하고, 어디든 붙여야 한다.

벽에 뭔가를 붙이는 것에 대해 건물 관리인에게 허가를 받아두는 것이 바람직하다. 대부분 사람들은 퍼티[11]나 마스킹테이프를 이용하여 카드나 종이를 붙인다. 워크숍 후에 벽에서 이것들을 제거할 때는 무척 주의해야 한다. (그렇다. 바로 당신이 제거해야 한다!) 페인트가 본래대로 유지되어야 하기 때문이다. 어느 신참 워크숍 리더가 덕트 테이프[12]를 이용하는 반짝 아이디어를 발휘했다가 사비를 털어 페인트를 다시 칠해 주어야 했다.

그림24. 공간 배치

센터피스 테이블

배치	장점	단점
센터피스 테이블과 사각을 이룬 네 개의 사각 테이블	· 모든 사람들을 볼 수 있음 · 벽을 분명히 볼 수 있음 · 센터피스를 위한 공간 · 정돈되고, 의도되어 있음 · 팀 작업이 용이함	· 참여자가 30명 이상일 때, 많은 사람들이 정면 벽에서 너무 멀어짐
소그룹을 위하여 사각을 이룬 테이블	· 20명 정도의 그룹을 위한 꽉 찬 배열	· 사람들이 서로 잘 볼 수 없음 · 주위를 돌아다니기 어려움
삼각편대 형식	· 대규모 그룹에 유리 · 이동이 용이	· 카드 작성이 어려움 · 사람들이 다른 이의 뒤통수를 보게 됨
가운데의 장식 테이블 주위로 반원을 이룬 원형 테이블	· 대규모 그룹에 효과적임	· 가운데 빈 공간이 많이 남음

---

11) 건축용으로 쓰일 때는 주로 유리를 창틀에 끼울 때 바르거나, 페인트칠을 할 때 구멍이나 틈새를 메우는 용도로 쓰인다. 퍼실리테이션에서는 아무 곳에나 잘 붙었다 떨어지는 퍼티의 특성을 활용하여 종이나 얇은 천 등을 벽에 임시로 붙일 때 사용한다. 역주

12) 포장이나 수리에 쓰이는 강력 접착테이프, 천에 접착제를 코팅하여 만든다. 역주

우리는 퍼실리테이터에게 회의실 중앙에 '센터피스'를 이용하라고 권장한다. 센터피스는 중앙의 테이블 또는 테이블 한가운데 공간을 이르는데, 약간의 장식이나 상징물로 채워진다.

센터피스 테이블에 놓는 물건들은 꼭 아름다워야 할 필요는 없지만 상징적이어야 한다. 테이블에 어울리는 물건을 예로 들어보면, 테이블보, 회사 상징이나 미션, 화분, 수석, 조약돌, 원주민 공예품, 꽃 등이 있다. 지나치게 화려하지 않은 것이 좋다. 그룹의 일에 관련한 인용구나 그림, 조각상 등을 이용한다. 건축가 그룹은 모형 건물이나 모델을 가지고 있을 것이고, 교사 그룹은 책이 있을 것이다. 물건은 그룹의 시선을 가리지 않을 만한 높이여야 한다. 초나 향은 워크숍에 종교적인 목적을 연상시킨다. 단순함과 우아함을 유지하고, 테이블에 필요 이상의 많은 것을 올려놓지 않도록 한다. 넘치는 것은 모자람만 못하다.

센터피스는 산만해진 그룹의 주의를 끌 수 있고, 삭막하거나 어질러진 회의실에 기분 좋은 환경적 자극을 제공할 수 있다. 테이블 중앙의 적절한 센터피스는 그룹을 한데 묶고 의사결정의 힘이 테이블 중앙에 있다는 것을 모두에게 상기시킨다. 또한 그것은 참여자들에게 눈이 쉴 자리를 제공하고, 간접적인 방식으로 참여자들을 주제로 돌아오게 한다. (그림24)

그룹의 한가운데 있는 센터피스는 워크숍을 중재하는 힘이다. 그것은 객관적인 현실, 즉 참여자들 서로의 관계를 중재하는 임무나 일을 나타낸다. 그것은 참여자들에게 그들이 사이좋게 지내기 때문에, 혹은 소울메이트이기 때문에, 혹은 비슷하게 생각하기 때문에 이 워크숍에 있는 것이 아니라는 점을 상기시킨다. 그들은 해야 할 공통의 일과 해결할 문제, 세울 계획, 정할 결정이 있기 때문에 그곳에 있는 것이다.

장식

워크숍 리더는 한 시간 미리 와서 회의실을 살펴보고 가구와 장식을 다시 정리한다. 목적은 참여자들이 도착할 때 그들에게 "여기서 중요한 일을 하게 됩니다."라고 알리는 환경을 제공하는 것이다.

긴 시간의 워크숍인 경우, 사용하지 않는 벽에 워크숍 프로세스의 도표와 같이 워크숍과 관계가 있는 장식물을 걸어둘 수도 있다. 눈높이에 있는 장식이 최대한 효과를 갖는다. 회의실의 기본적인 장식이 그룹을 산만하게 하거나 완전히 다른 작업을 암시할 우려가 있다면, 당신은 워크숍 시간 동안 그것을 치워두었다가 나중에 확실히 제자리에 돌려놓는 것을 고려할 수도 있다.

시간과 공간은 퍼실리테이션의 객관적인 측면이다. 그것들은 프로세스에 도움이 되거나 방해가 된다.

분위기 관리: 이벤트 만들기

효과적인 워크숍은 재미있고, 관심을 끌며, 지루할 틈이 없고, 흥미롭다. 비효과적인 워크숍은 무감각하고, 지루하고, 대체로 비생산적이다. 워크숍의 내용은 항상 중요한 것이고, 양질의 내용을 보장하는 것은 항상 리더의 첫 번째 책임이다.

퍼실리테이터는 스킬을 이용하여 그룹에 관여할 수 있게 해주고 지루함을 저지할 수 있다. 다음은 그룹을 끌어들이는 6가지 방법이다.

1. 활동 유형의 균형잡기

다양성은 삶의 양념과 같다. 그룹이 흥미를 가지고 몰두할 수 있도록 넓은 영역의 활동을 이용한다. 토론, 개인적 숙고, 2인 활동, 소그룹 작업, 그룹 전체 토론 등을 고루 활용하는 것이다. 이를 통해 학습 방식과 편안함의 수준이 다른 사람들을 참여시킬 수 있다. 다음은 자넷 스탠필드Jeanette Stanfield가 ICA 전략회의에서 말한 경험담이다.

> 나는 회의실에 들어섰다 놀라고 말았다. 나란히 정리된 테이블 위에 밝은 색상의 매직 스프링, 카드, 요요 등 알록달록 이상한 '잡동사니'가 있었기 때문이다. 우리 가운데 운동감각이 좋은 사람은 공놀이를 했고, 시각적인 사람은 색상과 디자인에 즐거워했다. 언어를 통한 청각의존형 학습을 하던 사람들은 이미지를 활용하기 시작했다. 지적인 사람 중에는 다소 불쾌해 하는 사람도 있었다.
>
> 결과적으로 워크숍에서는 돌연 모든 종류의 지혜가 나타났다. 그것은 내가 이 그룹에서 거의 본 적이 없던 모습이었으며, 구성원들은 힐링을 경험하였다. 퍼실리테이터는 계속 이어가며 질문을 던질 뿐이고, 환경이 효과를 발휘하게 두었다.

많은 사업 환경 속에서 사람들은 자신이 가진 주관적이고, 직관적이며, 엉뚱한 지혜를 공유할 엄두를 내지 못할 것이다. 커피타임이나 투서함, 간이식당 등은 창의적인 상호작용이 허용되는 듯 보이는 유일할 장소일 것이다. 고도로 창의적인 해결책은 참여자들이 우뇌를 이용하도록 촉진할 때 발생할 수 있다. 합리적 통찰과 직관적 통찰이 통합될 때, 분류하기 단계가 풍부해진다. 사람들이 보다 직관적인 면을 이용하도록 허용될 때, 눈에 띄지 않던 직원이 조직의 미래를 열어줄 열쇠를 가지고 있음을 알게 될 수도 있다.

2. 움직이게 하기

당신은 참여자들의 응답에 진정한 창의성을 촉진하기 원할 것이다. 따라서 신선한 관심과 상상력을 자극할 방법을 찾아야 한다. 한 자리에서 끝날 때까지 몇 시간씩 앉아 있는 것만큼 사람을 무감각하게 만드는 일은 없다. 새로운 얼굴과 시각은 참여자들을 환기시키고 대화를 증진시킨다. 어떤 방법들이 있을까? 다른 사람과 상호작용 할 수 있도록 사람들을 섞는다. 특히 그들이 서로 잘 알지 못하는 경우에 그렇게 한다. 팀과 전체 그룹 사이를 오간다. 활동 시간을 정하여 사람들이 움직일 수 있는 자연스러운 기회를 준다. 적절한 때에 휴식시간을 잡아두고, 스트레칭이나 숨쉬기 운동을 하여 몸을 풀고 분위기를 밝게 만든다.

퍼실리테이터는 참여자들이 팀 토의를 하는 시간을 활용하여 전체 방 배치를 바꾸기도 한다. 사람들이 돌아왔을 때, 그들은 자신이 다른 방에 있는 것처럼 느끼며, 눈앞에 보이는 사람들도 달라졌음을 알게 된다.

당신이 회의실을 하나 이상 사용할 수 있거나 공간이 충분히 넓다면, 분리된 공간에서 다른 활동을 함으로써 사람들이 돌아다니고 서로 섞일 수 있게 된다. 참여자들이 가능한 한 많은 사람들과 작업을 하게 되면 창의적인 생각이 촉진된다.

3. 유머 활용하기

웃음이 심신 건강에 모두 좋다는 사실을 유념하는 것이 좋다. 스스로를 농담의 대상으로 삼을 수 있는 그룹은 건강한 시각을 가졌다. 최고의 유머는 퍼실리테이터와 그룹에 의해 프로세스 자체로부터 솟아난다. 흔히 웃음은 워크숍의 분류하기 단계에서 퍼실리테이터가 모두에게 카드를 이해시키기 위해 애를 쓰는 와중에 일어난다. 그룹이 아이디어를 명확히 할 때 객관성이 생길 수 있도록 웃음을 끌어내기 위해 바보놀이를 하는 것도 도움이 될 수 있다. 유머를 활용하여 그룹에 작업을 완수하기 위한 충분한 객관성이 생기게 한다.

유머를 잘못 쓰면 역효과를 내는 것으로 알려져 있다. 따라서 유머를 적절하게 활용하기 위해서는 당신이 그룹과 주제를 충분히 잘 알아야 한다. 냉소와 비하, 초점이 어긋난 유머는 부적절하다. 그룹의 분위기에 민감해져야 한다. 어떤 때는 유머가 필요하고 또 어떤 때는 진지한 목소리로 열띤 토론에 임해야 한다.

4. 시각화하기

사람들은 복잡한 워크숍의 구어적 내용보다는 시각적 이미지를 훨씬 쉽게 받아들인다. 시각적 이미지는 두뇌의 다른 부분들에 접근하고 정신을 활성화시킨다. 가능하면 언제라도 그래프와 그림, 도표, 도형 등을 활용한다. 결과물을 분명하게 보여주는 것은 사람들이 새로운 아이디어와 결정을 통합하여 행동을 취하게 한다. 워크숍 시간 내내 시각자료를 활용하여 의제, 일정, 프로세스, 행동 원칙, 가치 등을 보여준다. 당신의 손글씨를 사람들이 읽기 어렵다면, 다른 사람에게 글쓰기를 부탁한다. 나중에 작업을 구별하기 위해 각 팀마다 다른 색상의 카드를 제공할 수 있고, 또는 단순히 시각적 효과를 위해 색상 카드를 사용할 수도 있다. 심지어는 참여자들에게 카드에 3~5 단어의 글을 쓰는 것에 더해 그림을 그려달라고 할 수 있다.

5. 그룹의 성과 축하하기

우리는 모두 인정받기를 즐긴다. 사람들의 기여를 인정하는 것은 그들의 관여를 촉진하는 확실한 방법이다. 기회가 생길 때마다 긍정적인 참여를 인정해준다. 개인의 아이디어를 있는 그대로 받아들이고 인정한다. 소그룹이 보고할 때는 박수 쳐주기에 매우 적절한 기회다. 그룹의 성취를 축하할 적절한 방법을 찾는다. 워크숍 마지막에 그룹이 프로세스를 돌아보게 하고 그들의 성과를 축하해준다.

6. 특별한 이벤트 실시하기

사람들은 가치 있다고 믿는 상황에 시간과 에너지를 투자하는 경향이 있다. 각각의 이 벤트를 참여자들이 노력할 만한 가치가 있게 만든다. 진짜가 아닌 것은 빤히 들여다보 이므로, 드라마와 신나는 일을 정직하게 만들어낸다. 무척 괴로운 일이라 할 수 있는 반 박 분석에 흥미를 갖게 하는 것은 잘 되지 않을 수도 있다. 하지만 일반적으로 공 들인 만큼 결과가 돌아온다. 첫 초대 단계부터 이벤트를 기대하게 해라. 특별한 간식거리는 사람들을 배려하는 방법이다. 간혹 업무에 적절치 않을 때도 있지만, 어떤 그룹은 상품 과 게임을 효과적으로 활용한다. 상징적 리더로부터 격려의 말을 듣는 것은 특히 성실 하게 열심히 임한 사람에게 도움이 될 수 있다.

카리스마나 극적인 성향을 가진 퍼실리테이터들은 이벤트를 만드는 데 별로 어려움 을 겪지 않는다. 하지만 우리 중에 카리스마를 믿지 않거나 극적 효과에 재주가 없는 사 람들에게는, 이 여섯 가지 전술이 프로세스가 진행되는 동안 그룹이 열중하게 도와주는 더욱 조직화된 방법을 제공한다.

그룹 관리: 짧은 맥락어[13] 활용

퍼실리테이터는 워크숍 프로세스를 설명하고 오해에 대처하기 위해 맥락과 관련된 짧은 말이 필요하다. 컨센서스 워크숍 과정 중에 이런 소소한 조정은 그룹이 진로를 벗 어나지 않게 해준다. 그것은 그룹이 마음 놓고 워크숍에서 고군분투하도록 하고 요구되 는 방법에 대한 힌트를 공유하게 한다.

---

13) 짧은 맥락어는 원문에 Short course로 되어 있다. 이를 직역하면 '단기 코스'이지만, 이 책에서 Short course는 참여자들의 긴 장을 풀어주거나 유용한 팁으로 활용할 수 있는 짧은 코멘트라는 의미로 사용되었다. 역자는 그러한 의미를 표현하도록 이를 짧 은 맥락어로 번역하였다.역주

짧은 맥락어는 강의라고 불렀었다. 하지만 그 단어는 유감스럽게도 강당이나 지루한 이야기를 연상시킨다. 짧은 맥락어는 실제로 현명한 충고이며, 적절한 순간에 그룹에게 제시된다.

짧은 맥락어란 무엇인가?

짧은 맥락어는 참여자들의 긴장을 풀어주거나 지도하는 한두 문장으로 된 워크숍 리더의 말이다. 예를 들자면 이런 것이다. "창의성은 몇 사람만 가지고 있고 다른 사람에게는 없는 것이 아닙니다. 이 그룹 안의 사람들 속에 얼마나 많은 창의성이 있는지 알면 놀라게 될 겁니다."

짧은 맥락어는 때로 있는 그대로를 말해주기도 한다. "이것은 우리가 이 쟁점을 다루어야 하는 유일한 기회입니다. 우리가 지금 그것을 다루지 않으면, 결국 우리가 항상 해왔던 일을 그대로 하게 될 겁니다."

짧은 맥락어는 참여를 촉진하는 말로 구성되기도 한다. "워크숍 질문에 대한 틀린 답은 없습니다. 그러니 자신의 창의성을 믿으세요." 퍼실리데이터가 내용과 관련하여 충고하는 것은 피하도록 한다. 내용은 질문을 통해 다룬다.

활용 원칙

짧은 맥락어를 활용하기 위한 몇 가지 원칙이 있다.
- 짧은 맥락어는 강의가 아니다. 최선의 짧은 맥락어는 한 문장으로 끝난다. "이 그룹 안에 속한 모두에게 지혜가 있습니다." 당신의 충고가 5분 동안 이어지면, 강의를 하

고 있는 것이다. 당신이 그룹의 참여 시간을 빼앗아 감으로써 그룹에 피해를 주는 것이다.

· 짧은 맥락어는 그룹 전체에게 말한다. 그 의도가 그룹이 워크숍의 방향을 유지하게 하려는 것이기 때문이다.

· 짧은 맥락어는 머리에 참여를 주입하기 위해 교훈적으로 활용되지 않는다. 짧은 맥락어는 매우 가볍게 활용되어야 한다.

어떤 짧은 맥락어는 살아가는 길에 대해 얘기한다. "인생에 어떤 어려움이 닥치더라도 항상 그것을 해결할 수 있는 가능성은 있습니다." 참여에 대해 말하기도 한다. "모두가 퍼즐의 한 조각을 가지고 있습니다. 전체 그림은 모든 시각을 듣고 이해함으로써 얻어집니다." 그룹의 원동력에 대한 것도 있다. "우리는 지금 이 문제와 씨름할 사람들로 이루어진 알맞은 그룹입니다." 어떤 것은 기법의 이용에 관한 것이다. "모두가 듣고 말할 기회를 가질 겁니다."

다음의 짧은 맥락어는 다양한 워크숍 상황에서 유용성이 입증되었으며 유형별로 정리되었다.

짧은 맥락어의 유형

진로와 관련된 짧은 맥락어

1. 여러분이 증명해야 할 것은 없습니다.
2. 인생에 어떤 어려움이 닥치더라도, 항상 그것을 해결할 수 있는 가능성은 있습니다.
3. 우리는 오늘의 문제에 대한 다른 서로 시각과 통찰을 이해함으로써 계속 성장합니다.
4. 여러분이 어떤 의견에 화가 난다면, 삶에 대한 당신의 이미지 중 어떤 것이 문제시

되었기 때문인지 스스로에게 물어보아야 할 겁니다.

5. 삶의 방식에 대한 당신의 편견을 버리세요. 그러면 다른 사람의 생각에 진정으로 마음을 열 수 있습니다.

6. 우리는 진실일 수도, 아닐 수도 있는 이미지로 살아갑니다. 일부는 환상이겠지요. 우리는 그 이미지들이 실제라고 믿지만, 그것들은 현실에 기초하지 않습니다.

7. 간혹 우리가 받아들이는 새로운 정보가 우리의 환상을 깨주고 질문에 대한 이해를 일깨웁니다.

8. 삶을 좋게 받아들이기로 결심하면 어떤 상황도 수용하고 거기에서 배울 수 있게 됩니다. 그런 종류의 수용은 변화를 가져옵니다.

긍정적인 짧은 맥락어

1. 현재의 삶이 좋습니다. 과거는 입증되고 미래는 열려 있으니까 말입니다.

2. 이 그룹이 지금 이 문제와 씨름할 사람들로 이루어진 알맞은 그룹입니다.

3. 지금 일어나는 일은 일어날 필요가 있는 일입니다. 다른 방법일 수는 없었을 겁니다.

4. 이 그룹은 딱 적절한 자리에서 적절한 문제와 싸우고 있습니다.

5. 이 그룹은 모든 답을 가지고 있고, 마주한 질문이나 문제와 씨름할 수 있습니다.

기법과 관련된 짧은 맥락어

1. 여러분이 어떤 데이터에 동의해야 할 필요는 없습니다. 여러분은 그것을 이해하거나 또는 이해하려고 노력해야 합니다. 그것과 확실하게 대화할 수 있기 위해서입니다.

2. 전체 그림은 모든 시각을 듣고 이해함으로써 구해집니다.

3. 갈등이 있을 겁니다. 갈등은 서로의 시각이나 경험을 이해하지 못해 비롯되는 경우가 많습니다.

4. 모두가 듣고 참여할 수 있도록 공적으로 발언을 하세요.

시간과 공간 원칙의 능숙한 적용, 그리고 이벤트와 짧은 맥락어의 활용은 컨센서스 워크숍을 하면서 계속 발전시킬 수 있는 정의, 삶, 허락이 되어줄 것이다.

컨센서스 워크숍 적용

4부

14장. 다양한 규모의 그룹에 컨센서스 워크숍 기법 활용하기

15장. 시리즈 형식의 컨센서스 워크숍 활용하기

4부의 14~15장은 1장에서 언급된 컨센서스 워크숍의 활용을 담고 있다. 워크숍 단계들을 완전히 익히기 위해 애쓰는 사람이라면 하나의 워크숍을 성공적으로 해내고 나서 무척 기쁠 것이다. 하지만 전문적 기술과 자신감이 늘어가면서 퍼실리테이터는 대규모 그룹 및 다양한 위치에 있는 그룹과 작업할 기회가 생기게 된다.

그러면서 한 번의 워크숍으로 충분하지 않은 상황이 생길 것이다. 한 워크숍의 결과가 제2, 제3의 워크숍을 필요로 하게 된다. 퍼실리테이터는 전체 시리즈로 연결된 워크숍을 이끌 필요성을 발견하게 되는 것이다.

4부에서 당신은 두 가지 새로운 용어를 접하게 될 것이다. 총회plenary와 메타 워크숍 meta workshop이다. 워크숍이 많은 팀에서 이루어지는 경우, 이 팀들은 아이디어를 공유하기 위해 나중에 다시 모이는데, 이렇게 모든 팀이 모이는 것을 총회라 칭한다. 몇몇 워크숍에서 나온 범주의 이름이 총회 워크숍에 대한 데이터가 될 때, 후자 워크숍을 메타 워크숍이라 하며, 모든 소규모 팀에서 비롯된 범주 이름의 집합체를 메타 브레인스토밍이라고 한다.

14장. 다양한 규모의 그룹에 컨센서스 워크숍 기법 활용하기

제자들에게 이르시되 떼를 지어 한 오십 명씩 앉히라 하시니

누가복음

이번 장에서는 여러 가지 그룹 규모에 따른 컨센서스 워크숍의 활용을 보여주고자 한다. 다음과 같이 규모별로 나누어 생각해볼 수 있다.

A. 개인 워크숍

B. 2~4인 소그룹 워크숍

C. 5~40인 그룹 워크숍

D. 40~100인 그룹 워크숍

E. 100인 이상 그룹 워크숍

가장 작은 그룹이라 할 수 있는 개인 워크숍부터 살펴보자.

A. 개인 워크숍

당신에게 특별히 고민스러운 문제가 있다면, 며칠 동안 그것이 머릿속을 맴돌고 날이 갈수록 걱정이 더해진다. 그게 아니라면, 당신은 종이와 펜을 가지고 앉아서 혼자서 워크숍을 할 수 있다. 당신이 고민하는 기본적인 질문을 적고, 이를 다룰 수 있는 15~40개의 아이디어를 브레인스토밍 한다. 목록에 비슷한 것들을 썼는지 신경 쓰지 말고 그냥 적어내려 간다. 목록을 작성하거나, 접착식 메모지 한 장에 아이디어를 하나씩 써넣을 수도 있다. 일단 목록을 완성하면 써놓은 아이디어를 검토한다. 이제 보통 워크숍에서 하듯이 분류하고 이름을 짓는다.

힌트

- 스스로 목표 아이디어 개수를 정하고, 다 채울 때까지 계속한다.
- 초점 질문에 따라 아이디어를 분류한다. 원인과 결과 또는 연속성이 기준이 아니다.
- 범주에 부여한 이름은 초점 질문에 대한 실제 해답이 되도록 한다.
- 데이터에서 새로운 통찰을 끌어낸다. 진부하고 미약하고 '예전과 같은' 해답에 만족하지 않는다. 예를 들어, 비상한 사업 기회가 바로 눈앞에 있지만 3개월 안에 5만 달러를 모아야만 할 수 있다고 가정해 보자. 당신은 기회를 잡으려고 끈질기게 매달릴 것이다.

초점 질문

당신의 초점 질문은 '3개월에 5만 달러를 모으기 위해서 나는 무엇을 할 수 있을까?'이다.

브레인스토밍

15개의 아이디어를 열심히 브레인스토밍 한다. 예를 들면, 아래와 같이 우선순위 없는 목록을 작성한다.

1. 가족회의 열기
2. 은행에서 1만 달러 융자받기
3. 다른 은행에서도 1만 달러 융자받기
4. 사업 파트너가 될 만한 친인척 명단 작성하기
5. 가족 전체에게 새로운 사업 아이디어 제안
6. 재택근무 가능한 부업
7. 중고품 판매

8. 귀중품 저당

9. 3개월간 검소한 생활하기

10. 존과 조이에게 신문 배달 요청

11. 가족이 모두 돈 벌어오기

12. TV, VCR, DVD 판매

13. SUV 자동차 판매

14. 크리스마스 보너스 가불 요청

15. 3개월 분 예산 10퍼센트 삭감

16. 가족전체 워크숍

17. 돈 되는 각각의 아이디어를 실천 목표로 삼기

18. 모두를 일에 집중시킬 상징 만들기

분류하기

각각의 아이디어에 다른 기호를 이용하여 분류한다.

○ 가족회의 열기

X 은행에서 1만 달러 융자받기

X 다른 은행에서도 1만 달러 융자받기

+ 사업 파트너가 될 만한 친인척 명단 작성하기

○ 가족 전체에게 새로운 사업 아이디어 제안

△ 재택근무 가능한 부업

□ 중고품 판매

□ 귀중품 저당

3개월간 검소한 생활하기

△ 존과 조이에게 신문 배달 요청

○ 가족이 모두 돈 벌어오기

□ TV, VCR, DVD 판매

□ SUV 자동차 판매

+ 크리스마스 보너스 가불 요청

3개월 분 예산 10퍼센트 삭감

○ 가족전체 워크숍

% 돈 되는 각각의 아이디어를 실천 목표로 삼기

% 모두를 일에 집중시킬 상징 만들기

이름짓기

각 범주에 이름을 부여한다.

○ 가족 관련

X 신용대출

△ 가족 일자리 확대

+ 보너스 조정

□ 소유물 판매 및 저당

근검절약

% 응원 상징 만들기

마무리하기

당신은 결과를 빠르게 숙고하고, 다음 단계들의 이름을 정한다. 그 첫 번째는 가족회의를 여는 것이다. 이 회의에서 새로운 사업 기회에 대한 비전과 함께 계획을 수립하고 가족들의 조언과 협조를 요청한다. 이 때 당신은 아이들에게 강요하지 않기로 결정한다. 그리고 계획표를 냉장고 문에 붙이고 두 개의 은행에 전화해 약속을 잡는다.

이 워크숍은 동기를 부여한다. 3개월 안에 그 많은 돈을 모으는 것은 불가능하다고 스스로에게 변명하며 침울해 하는 대신, 당신은 이제 계획과 추진력, '할 수 있는 일이야! 가능해!'라는 긍정적인 구상을 갖고 있다.

B. 2~4인 소그룹 워크숍

가정이나 직장, 비공식적 자리에서 2~4명의 인원이라면, 식탁에 둘러앉아 이야기 하는 것만으로도 워크숍을 할 수 있다. 브레인스토밍을 통하여 각자 접착식 메모지나 카드에 (카드 한 장에 아이디어 하나) 8~12개의 아이디어를 내면 25개 이상의 아이디어가 모인다. 각자가 가장 다르거나 명확한 아이디어 5개를 제시한다. 짝을 이루는 아이디어를 찾고 통상적인 컨센서스 워크숍에서 하는 것처럼 진행한다. 사람들이 아이디어 카드를 집어내고 이리저리 옮겨보는 것은 쉬운 일이다. 큰 그룹 안에서는 거의 말을 하지 않는 사람조차 능동적으로 참여할 수 있다.

 힌트

프로세스는 표준적인 워크숍과 같고, 격식 없는 대화는 보다 활기찬 느낌을 준다.

- 초점 질문과 분류하기 원칙을 명확히 한다.
- 소그룹에도 핵심 질문을 던지고 프로세스를 진행하는 사람이 필요하다.
- 비공식성으로 인해 명확성과 새로운 통찰을 추구하는 일이 위축되지 않게 한다.

대화중의 활용

당신은 대화중에도 간단한 질문이나 계획 연습을 통해 컨센서스 워크숍 프로세스를 비공식적으로 할 수 있다.

나는 토론토 올드밀Old Mill 역에서 자전거를 옆에 세워둔 채 기차를 기다리고 있었다. 몇 발짝 떨어진 곳에 한 소년이 울상을 짓고 있었다. 내가 무슨 일이 있냐고 물었다.

소년이 말했다. "자전거를 도둑맞았어요."

나는 그 아이를 위로하고 나서 말했다. "이제 어떻게 할 거니?"

소년이 말했다. "글쎄요, 새 자전거를 사야 할 텐데 돈이 없어요. 200달러는 있어야 할 거예요."

내가 말했다. "새 자전거에 들어갈 200달러를 어떻게 마련할 거니?"(초점 질문) 소년은 큰 확신 없이 두어 가지 방법을 말했고, 소년이 더 깊이 생각해 보도록 질문을 했다. "할 수 있는 게 뭐가 더 있겠니?" 대답이 굴러 나오기 시작했다(브레인스토밍). 내가 물었다. "한번 말해볼래? 넌 이 방법들 중에 뭐부터 해볼 거니?"

소년은 답했다. "신문 돌리기, 부자 삼촌, 다른 친척들, 잔디 깎기, 돼지저금통 털기요."

내가 말했다. "너 정말 진지한 거니? 할 수 있다고 생각하는 거야?"

"네, 할 수 있어요."

"네 결심을 지키겠다고 항상 다짐하기 위해 집안 거울에다 뭐라고 써 붙이면 어떨까?"

소년은 잠시 생각하더니 말했다. "부활절까지 새 자전거 아니면 죽기."

C. 5~40인 그룹 워크숍

앞의 장들에서 설명한 컨센서스 워크숍 방법론을 이용할 수 있다.

D. 40~100인 그룹 워크숍

같은 회의실에서 40~100명의 사람들과 함께 합의에 이르는 것은 엄청나 보이지만, 카드 방법을 약간 손질하면 상당히 수월해진다.

동시에 한 공간에서 대규모 그룹과 작업하기 위한 몇 가지 힌트가 있다.
- 사전에 팀 퍼실리테이터를 훈련한다.
- 각 팀이 동일한 절차를 이용하여 동일한 질문에 답하는 것을 확실히 한다.
- 팀에서는 플립차트 워크숍이나 매우 빠른 카드 워크숍을 한다.
- 팀 워크숍 끝에 얻은 제목들은 총회에 제출할 아이디어가 된다.

기본적으로 큰 그룹을 여러 개의 작은 토론 그룹으로 나누어야 한다. 소그룹들은 아이디어를 선별하고 나서 전체 그룹 총회에서 그들의 통찰을 모으기 위해 돌아와 보고한다.

이를 위해서 당신은 소그룹의 퍼실리테이터 팀을 사전에 훈련하고 준비시켜야 한다. 소그룹으로 나눠서 토의할 때, 각 소그룹의 리더는 동일한 질문을 하고 동일한 절차를 따르도록 확실히 해두어야 한다. 소그룹들은 플립차트 워크숍이나 매우 빠른 카드 워크숍을 할 수 있다. 팀 워크숍 끝에 얻은 범주 이름들이 총회 시간에 제출할 아이디어가 된다는 것을 사람들이 반드시 이해하도록 한다.
- 총회 시간에 쓸 카드는 넉넉히 큰 사이즈로 준비하고 모두가 카드를 읽을 수 있을 만큼 큰 글씨로 쓰라고 요청한다. 대략 가로 30cm, 세로 21cm 크기의 카드가 적당하다.
- 좌석이 테이블 주위에 있으면, 모든 사람이 보고 참여할 수 있도록 의자를 가지고 가능한 한 앞쪽으로 가까이 옮겨 앉으라고 한다.

총회를 마쳤을 때, 팀들은 결정 사항을 도로 가져가서 실행에 관한 추가적인 작업을 할 수도 있고, 필요하다면 전체 그룹과 그것을 공유해야 한다.

팀 퍼실리테이터

큰 그룹에서도 각 개인은 카드에 있는 아이디어의 범위를 보아야 하고 그들의 말이 경청되었다는 확신이 들어야 한다. 벽에 붙어있는 아이디어가 60개 이상이면 혼란이 가중된다. 현명한 결과를 위해 그렇게 많은 카드가 필요한 것은 아니다. 폭 넓은 참여에 대한 요구와 데이터 양의 제한 사이에서 어떻게 균형을 맞출 것인가?

비결은 팀 브레인스토밍 단계에서 3~5명보다는 8~15명의 참여자들로 소규모 팀을 구성하는 것이다. 각 팀이 만들어야 하는 대략적인 카드 수를 결정하기 위해서, 필요한 전체 카드 수를 팀의 수로 나눈다. 당신이 대규모 그룹과 작업하면서 총 60장 이상의 카드를 원할 수도 있겠지만, 60장이 넘어가면 아이디어 사이에 상당한 중복이 있을 것이다. 예를 들어 인원이 90명이라면, 15명씩 6개 팀을 만들고 각 팀이 10~12개의 카드를 가져오게 한다. 카드는 대략 총 75장이 될 것이다.

15명으로 된 팀에서의 상호작용은 참여를 촉진해주는 팀 리더의 도움이 없으면 소심하거나 조용한 사람들에게 여전히 부담스러울 것이다. 그러므로 각 팀의 리더는 사전에 훈련되어 있어야 한다. 그래야 팀원들이 대규모 프로세스 작업을 이루는 포용과 지혜에 대한 경청 원칙을 지지하게 된다. 이는 전체 워크숍의 성공을 돕는다. 한 워크숍에서 팀 리더가 자신의 팀에서 모든 아이디어를 끌어내기보다는 몇 가지 아이디어만 카드에 기록하고 나머지는 무시했다. 총회 시간에 모였을 때 팀원들은 전부 화가 나 있었고, 대표 퍼실리테이터는 그들이 존중 받고 있다고 느낄 수 있도록 힘들게 노력해야 했다.

대표 퍼실리테이터는 팀에게 도입하기를 해주고 모두가 초점 질문에 대한 자신의 응답을 작성하게 한 후, 그룹을 작은 팀으로 나누고 각 팀에 퍼실리테이터를 배정한다.

소그룹 브레인스토밍 절차

(6장을 보라.)

팀 작업의 목표는 모든 사람의 아이디어를 워크숍으로 모으고, 모든 사람의 말이 경청되고 인정받도록 하고, 카드에 다양한 의견을 적어 그것이 총회에서 그룹 합의의 일부가 될 수 있게 하는 것이다. 팀 리더가 이런 일을 하기 위한 단계는 다음과 같다.

1. 초점 질문이 명료해지도록 플립차트에 쓰면서 다시 읽는다. 그룹에게 말한다. "이 소그룹에서 우리의 아이디어를 모으고 총회에서 이용될 수 있도록 카드에 아이디어를 작성할 겁니다. 틀린 답은 없습니다. 이 질문에 대한 여러분의 솔직한 답을 원합니다. 각자의 아이디어를 하나씩 목록에 적고 결정적인 아이디어를 덧붙일 겁니다. 우리는 'x'개의 다른 아이디어(대표 퍼실리테이터가 할당한 만큼)를 가지고 마무리 하고자 합니다. 사람들이 아이디어를 냈을 때, 이해되지 않으면 분명하게 설명하거나 예를 들어달라고 하세요. 여러분은 동의해야 할 필요는 없지만, 이해는 해야 합니다."

2. 둥글게 모여서 각자의 가장 중요한 항목을 목록에 (3~4단어로) 올린다. 그들의 말을 그대로 플립차트에 적는다.

3. 첫 번째 라운드에서 말하지 않은 중요한 아이디어가 있는지 묻는다.

4. 유사한 아이디어를 묶어 (중복된 것은 지운다) 항목을 대략 'y'수로 줄인다. 각각의 카드에 다양한 아이디어들을 적음으로써 다양성은 유지한다. 가능한 한 항목에 하나의 내용만을 담고, 카드 한 장에 아이디어 하나씩을 적는다.

5. 몇 사람은 큰 카드에 각 아이디어를 크고 굵은 글씨체로 다시 쓴다. 카드에 3~4개 단어로 각각의 아이디어를 표현한다.

6. 총회를 위해 그룹을 다시 모이게 한다. 함께 앉아서 당신의 카드를 나눠주어 그룹이 볼 수 있게 한다. 그리고 라운드별로 카드를 분류할 수 있게 준비한다.

데이터 분류하기

대표 퍼실리테이터가 평소처럼 총회에서 분류하기를 행한다.

범주 이름짓기

이름짓기 프로세스를 하기 위해서는 동일한 팀이 다시 모이는 것이 유용할 것이다. 큰 그룹에서 이름을 부여하면 회의실에서 가장 적극적인 사람들의 지혜만을 얻게 될 것이다. 각 팀에 범주를 할당하고, 짧은 시간동안 가장 좋은 생각을 하기 위해 퍼실리테이터가 다음의 절차를 따르도록 한다.

1. 팀에 할당된 카드열을 큰소리로 읽는다. 그룹의 다른 사람에게 읽게 해도 된다.
2. 질문한다. "이 카드들에 있는 어떤 말이 핵심 단어인 것 같습니까?"
3. "이 카드 범주는 무엇에 대한 것입니까? 이 데이터들이 나타내는 의미는 무엇입니까?" 초점 질문에 답하기 위해 이 범주 이면의 근본적인 주제를 탐구한다.
4. 질문한다. "이 범주에 어떤 이름을 부여할까요? 워크숍에서 사용하기 원하는 이름의 종류를 예로 들어주세요." 그룹이 카드열의 통찰을 가장 잘 담아낸 이름을 정할 때까지 당신은 플립차트에 그룹의 제안들을 적어나간다.

   대표 퍼실리테이터는 모든 이름들이 일관되도록 이름짓기의 접근방법을 선택한다. 다음은 몇 가지 예시이다.

- 비전: 명사, 그리고 매력적으로 묘사하는 형용사. 예) 건강한 환경
- 장애물: 현재 존재하는 상황을 묘사하는 3~4개의 문구, 우리 모두는 (비난을 넘어)의 일부이고, 그것이 우리의 비전을 방해한다. 대체로 '장애', '그것이 방해하는 방

식', '그것이 방해하는 것'의 형태로 표현된다. 예) 우리/그들의 관점이 팀워크를 가로 막는다, 예측 불가능한 경제가 장기적 계획의 기반을 약화시킨다.

- 전략 방향: 최종적으로 '~ 하는' 행동과 그 행동의 목적. 예) 업무 절차 단순화하기, 새로운 사업 시작하기

5. 제목 카드를 가져와 벽에 있는 데이터 열 위에 붙인다.

마무리하기

대표 퍼실리테이터가 총회의 일부로서 마무리하기 단계를 평소처럼 행한다.

E. 100인 이상 그룹 워크숍

참여자가 5명이나 20명이 아닌 수백 명이라면, 어떻게 대처할 것인가? 전과 같이 하면 된다. 수백 명을 관리 가능한 팀으로 나누는데, 보통 20명을 넘기지 않는다. 절차는 거의 동일하다. 다만 팀들을 같은 시간에 같은 시설의 다른 회의실들로 분산시켜 작업할 것 인지, 아니면 심지어 시간과 공간을 모두 다르게 하여 분산시킬 것인지에 관한 것을 제 외하면 말이다. 그 방식은 도시의 이웃 모임이나 지역의 서로 다른 모임들은 물론이고 큰 조직이나 기업에서도 효과를 발휘한다.

물론 이런 대규모 그룹 작업에서는 각 팀이 정확하게 동일한 절차에 따르는지가 중요 하다. 그러나 대량으로 아이디어를 모으는 프로세스를 설계할 때는 추가로 몇 가지 염 두에 둘 점이 있다.

- 광범위한 참여를 보장하도록 팀 워크숍을 지원하고 일정을 잡는다. 이것은 다른 시

간이나 다른 장소에서 이루어지는 워크숍이 될 수도 있다.

· 팀 워크숍은 인원수와 이용 가능한 시간에 따라 플립차트 워크숍이나 카드 워크숍이 될 수 있다.

· 팀 워크숍에서 나온 카드열 제목은 총회 워크숍의 카드가 된다.

· 각 팀의 대표자는 팀 정보를 총회로 가져오고, 총회에서 모든 팀은 데이터를 합한다.

· 총회에서 당신은 이미 완성된 브레인스토밍(팀 워크숍에서 나온 이름)을 가지고 시작한다. 팀 워크숍에서 나온 브레인스토밍 카드를 정리하여 더 큰 범주에서의 주요 요소를 명확히 한다.

· 팀 작업을 문서화한다. 모든 데이터가 문서화될 때, 당신은 총회에 제출된 이름 카드에서 보지 못한 새로운 통찰을 볼 수도 있다.

· 팀 워크숍에서 생긴 모든 데이터를 보관한다.

· 출처가 되는 그룹을 나타내기 위해 카드에 라벨을 붙인다. 아이디어에 대한 질문이 있다면, 라벨를 이용해 원래 출처가 되는 그룹과 데이터를 빠르게 확인할 수 있다.

각 팀마다 다른 시간에 작업을 하는 경우, 각 팀의 작업 결과를 바로 그 자리에서 문서화하고 카드가 흩어지지 않도록 단단히 묶어두는 것이 바람직하다. 제목 카드와 데이터를 색깔로 표시하는 것도 실질적으로 도움이 된다.

총회를 마쳤을 때 큰 그룹을 대표하여 다음 단계에 대한 워크숍에 참여하도록 소그룹을 조직할 수 있다. 이런 프로세스에 의해 성립된 합의는 다수의 이해당사자를 위한 공통 방침에 권한을 부여하는 데 깊은 영향을 줄 수 있다.

최근 몇개의 작은 학군들이 합병된 큰 학군에서 미래의 방침에 대한 기반을 구축하기 위해, 학부모, 교직원, 관리자, 이사회, 학생 등의 합의를 수립하고자 팀 워크숍과 총회 프로세스를 활용했다. 팀 워크숍은 학교들의 일곱 개 '가구'에서 열렸고, 그 결과는 학군의 중앙에 있는 하키 경기장에서 행해진 60인 총회에 모아졌다. 새 학군의 모든 다양성이 그들의 계획에 포함되었고 초점은 명확했다. 모든 참여자들이 새로워진 목표 의식과 공동체 의식을 갖고 계획을 실행하기 위해 나섰다.

15장. 시리즈 형식의 컨센서스 워크숍 활용하기

ToP 방법론은 다양한 상황에 매우 효과적이다. 그것은 독자적인 수단으로, 또는 세트나 시리즈의 일부로 활용될 수 있다. 하지만 방법론이 가진 힘의 가장 극적인 면은 그것이 함께 엮여, 조직이 주요 계획 업무를 달성할 수 있게 하는 세미나나 프로그램이 되는 순간이다.

로라 스펜서

컨센서스 워크숍의 연속성이 필요한 경우는 다음 질문으로 넘어가기 전에 어떤 질문의 해답을 찾아야 할 때다. 당신이 하나의 워크숍에 두 가지 질문을 억지로 밀어 넣으려 한다면, 아마도 두 질문 모두에 대한 애매한 답을 구하는 것으로 끝나고 말 것이다.

질문이 여러 개일 때는, 답을 찾아야 하는 순서대로 질문을 늘어놓는다. 그러면 첫 번째 질문에 대한 답이 다음 질문의 답을 찾게 해준다.

예를 들면, 당신이 프로젝트팀을 구성할 생각을 하고 있다면 이 질문에 답을 해야 할 것이다. "이 프로젝트를 위한 최고의 팀을 만들기 위해 무엇을 해야 하는가?" 그러나 우선되는 질문이 있다. "우리에게 필요한 기술들은 무엇인가?" 당신은 필요한 기술에 대한 워크숍부터 시작하여, 후보자들을 브레인스토밍하고, 그들의 기술과 필요한 기술을 비교할 수 있다. 그런 다음에야 "그 기술을 얻기 위해 무엇을 해야 하는가?"라는 질문을 다룰 준비가 된 것이다.

모델 구축 컨센서스 워크숍 시리즈

시리즈 워크숍은 첫 번째 워크숍이 전체상을 대략 그려내고 다음 워크숍이 각 하위주제를 보다 깊이 있게 발전시키는 상황에 적절하다.

이 시리즈는 가장 포괄적인 워크숍부터 시작한다. 그것은 일반적이거나 이상적인 초점 질문에서 출발한다. "세계 개발에 대한 잡지를 창간하려면 무엇을 필요로 하는가?" 이 워크숍에서 카드열의 제목들은 워크숍의 다른 시리즈의 초점 질문이 된다. 따라서 첫 번째 워크숍의 카드열 제목이 다음과 같다면,

1. 자금 계획

2. 1~4호까지의 주제

3. 광고주 확보

4. 마케팅 계획

5. 숙련된 인력

이것들은 나중에 워크숍들의 주제가 될 수 있다. 그 다음 초점 질문들은 이렇게 된다.

1. 충분한 자금을 확보하기 위해 무엇이 필요할 것인가?

2. 무엇이 우리의 잡지를 독자들에게 매력적으로 보이게 할 것인가?

3. 광고주를 확보하기 위해 무엇을 해야 하는가?

4. 마케팅 계획의 요소는 무엇인가?

5. 필요한 인력을 어떻게 뽑을 것인가?

모든 워크숍이 완료된 후에, 워크숍의 결과는 새로운 잡지 창간에 대한 포괄적인 모델이 된다.

ToP 계획하기 시리즈

ToP 계획하기는 전 세계 50개국 이상에 걸쳐 회사, 조직, 지역사회 등에 활용되어 온 계획수립 프로세스다. ToP 계획 프로세스는 원래 1970년대 초반에 개발되었고, 회사, 지역 공동체, 정부기관 및 전 세계 모든 유형의 조직에서 활용되었다. 보다 자세한 내용을 알고 싶으면, 로라 스펜서의 「참여를 통한 성공」과 ICA 캐나다의 「참여적 전략기획 Participatory strategy planning」를 보라.

이 합의에 기반한 계획수립 접근법은 조직의 미래에 대한 공통의 비전을 형성하는 것으로 시작하여, 역할 분배와 일정표, 데드라인과 일정리뷰 계획 워크숍 등이 담긴 실행 일정표 완성으로 끝난다. 그것은 포괄적인 장기 계획으로 마무리 된다. 실행은 계획 프로세스가 끝나는 날 시작한다.

합의에 기반한 계획은 다음의 전제조건에 의거한다.
· 대부분 ICA 방식과 마찬가지로 합의에 기반한 계획은 고도로 참여적이다. 그것은 모든 사람이 그룹이 필요로 하는 어떤 것을 알고 있다고 전제한다. 즉, 모두가 퍼즐 한 조각씩을 갖고 있다.
· 합의에 기반한 계획은 아무것도 없이 시작하지는 않는다. 그룹이나 조직은 이미 기업 미션에 명시된 자체의 운영 가치와 의지를 알고 있다.
· 합의에 기반한 계획은 계획을 실행해야 하는 사람이 계획 과정에 참여하고 있다고 가정한다. 사람들은 자신이 계획을 세울 때 더욱 실행하기 쉽다. 동기는 내부로부터 나온다.
· 기업에서 경영진은 계획에 관여하거나, 최소한 내용을 알게 될 것이다. 그래서 진행 중인 일에 대한 통제력을 상실할지도 모른다는 위협감을 느끼지는 않는다.

이 합의에 기반한 계획 프로세스는 각기 분리된 서로 다른 세 가지 워크숍에 워크북을 더하여 다음과 같은 순서로 이루어진다.

1. 비전 워크숍

2. 장애요인 워크숍

3. 전략 방향 워크숍

4. 실행 계획 워크숍

위 네 가지 활동은 일반적으로 이틀이 걸리지만, 필요한 경우 하루 만에 이루어질 수도 있다. 로라 스펜서의 「참여를 통한 성공」에 익숙한 사람들은 이렇게 생각할 수도 있다. "잠깐만. 다섯 번째 단계는 어디 갔지?" 로라의 단계4는 '전략 행동 설계'이고 단계 5는 '실행 일정표 작성'이다. 그런데 최근 몇 년 사이, ToP 퍼실리테이터들은 네 단계만 활용했다. 그녀의 마지막 두 단계를 '실행 계획'이라는 하나의 단계로 묶는 것이 낫다고 생각한 것이다. (그림25)

비전 워크숍에서 참여자들은 미래에 대한 꿈을 그려보고 자신의 아이디어를 단일화 된 초점으로 끌어들여 계획을 시작한다. 초점 질문은 "5년 후 우리 조직에서 진행되기 원하는 일은 무엇인가?" 또는 "3~5년 후 어떤 일이 있길 원하는가?"이다. 참여자들은 아 이디어를 브레인스토밍 하고, 팀에서 작업하고, 카드에 각 아이디어를 적는다. 카드를 그 의도에 따라 분류한다. 팀들은 각각의 아이디어 범주를 가지고 작업하여 전체 범주 의 공통된 의도를 결정짓는다. 그 결과는 미래에 대한 공동체의 비전 이미지다.

모순 (또는 장애물) 워크숍에서 참여자들은 비전을 향한 진전을 가로막는 모든 장애 물들을 브레인스토밍 하고 나서, 분류하기와 이름짓기 작업을 한다. 비전을 가로막는 근본적인 장애물, 즉 근본 원인을 인식하고 비전을 달성하기 위한 관문을 찾기 위해서다. 핵심적인 초점 질문은 "우리의 비전 실현에 방해가 되는 것은 무엇인가?"이다.

그 다음 참여자들은 장애물을 처리하고 비전을 향해 전진하기 위한 '전략'을 세운다. 다음 질문에 대한 답을 브레인스토밍 한다. "장애물을 처리하고 비전을 달성하기 위해 우리는 무엇을 할 것인가?" 그 다음 행동들을 분류하여 새로운 전략을 도출하고, 전략들을 분류하여 전략 방향을 잡는다. 마지막으로 그룹은 전략을 수행하기 위한 단기 실행 계획을 세운다. 소그룹들은 단계적 과정을 거쳐 단기 성과와 이를 가능하게 할 일정표 상 특정 활동을 계획한다.

참여자들은 이런 계획 입안 과정을 통해 불확실성에서 결의로 가는 여정을 밟는다. 그 것은 문제를 다루기 위한 개인적인 계획이나 5년간의 생활 방향을 잡기 위한 가족의 계획이 될 수도 있다. 또한 팀 계획이나 지역사회 계획, 회사나 부서의 전략 방향이 될 수도 있다.

그림25.

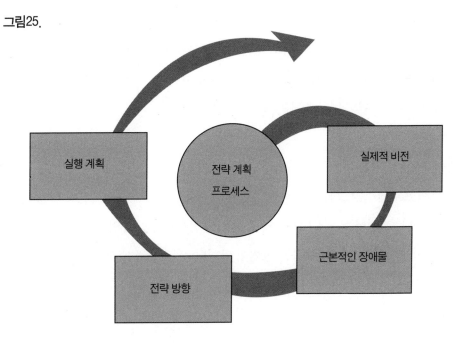

부록1. 컨센서스 형성

워크숍은 흔히 컨센서스를 형성하는 데 이용된다. 따라서 컨센서스가 무엇인지에 대해 분명히 이해하고 넘어가는 것이 바람직하다. 그렇지 않으면 참여자들은 이 달성하기 어려운 목표(즉 컨센서스)에 대한 상이한 생각을 가질 것이고, 전혀 불가능한 것을 바라는 사람도 있을 수 있다.

다음 사항들은 그룹에게 컨센서스를 설명하는 데 도움이 될 것이다.

1. 컨센서스는 함께 하는 전진이다.

컨센서스는 그룹의 공통 의지를 규정한다. 컨센서스는 공통의 이해이고, 그룹이 함께 전진할 수 있게 한다. 컨센서스는 모든 참여자가 모든 세부 사항에 동의하지 않더라도 기꺼이 함께 전진할 때 달성된다.

2. 컨센서스는 ... 이 아니다.

컨센서스는 전적인 동의를 의미하지 않는다. 누군가 이기고 지는 투표가 아니다. 가장 낮은 공통분모나 의미 없는 관념에 만족하는 것이 아니다. 그룹에게 아이디어나 결정, 혹은 행동의 과정을 받아들이게 하는 것이 아니다.

3. 컨센서스는 ... 이다.

컨센서스 프로세스는 그룹이 적절한 결정과 계획을 이룰 수 있는 지점에 대해 깊이 생각하는 것이다. 컨센서스는 참여자들의 헌신을 발전시켜가는 과정이지, 미리 형성된 개념을 그룹이 받아들이도록 설득하는 방법이 아니다. 프로세스에 설득이 관련될 수도 있지만, 무엇보다 프로세스와 관련된 것은 공통의 정신을 형성하기 위해 양질의 대화를 발전시키는 것이다.

컨센서스 형성을 위한 환경 조성

컨센서스가 형성될 수 있는 환경 조성에 몇 가지 도움이 되는 요소들이 있다.

1. 참여자들은 컨센서스를 형성하려는 의지를 가져야 한다. 개인이나 하위그룹이 자신의 의지를 모든 사람에게 강요하려는 상황에서 컨센서스에 도달하는 것은 어려운 일이다.

2. 컨센서스의 성립에 대한 실질적인 이유와 목적이 있어야 한다. 이는 종종 명료하고 자세히 설명된 초점 질문의 형태를 취한다.

3. 관련된 모든 당사자들은 대화에 포함되어야 한다.

4. 모든 아이디어는 존중되어야 한다.

5. 컨센서스 형성은 '새로운 것'이 드러나게 하기 위해 가정이나 판단을 중지할 것을 요구한다.

부록2. 초점 질문의 예

다음 도표에 나오는 초점 질문의 예는 각 워크숍에 대한 이성적 목표와 범주 원칙을 함께 보여준다.

이성적 목표	초점 질문 예	범주 원칙
실제적 비전	3~5년 후 이 조직에 어떤 일이 있길 원하는가?	유사한 특성
보고서 개요	이 보고서에 포함할 정보는 모두 무엇인가?	유사한 종류의 정보
협상의 범위에 대한 포괄적인 규정	이 협상에서 우리가 다루고자 하는 모든 가능한 주제들은 무엇인가? (이 협상의 범위는 무엇인가?)	유사한 주제
프로젝트 실행을 위한 실행 계획	이 프로젝트를 완수하기 위해 우리가 필요한 것은 모두 무엇인가?	함께 이루어질 수 있는 활동
새 집 구입 시 고려할 공유 가치의 목록	새 집을 사는 데 고수하고자 하는 가치는 무엇인가?	유사한 가치
휴가 계획에 포함된 공유 요소 목록	성공적인 휴가의 요소는 무엇인가?	유사한 구성 요소
전략	이 장애물을 처리하기 위해 무엇을 할 수 있는가?	함께 이루어질 수 있는 활동
한 팀으로 일하기 위한 요소	성과가 높은 팀의 요소는 무엇인가?	유사한 자질
'이것'을 위한 기본적인 속성	'이것'을 잘해내기 위해 어떤 속성이 필요한가?	유사한 속성
우리를 가로막는 근본적인 장애물	우리가 직면하고 있는 장애물은 무엇인가?	이면에 있는 근본 원인
문제 해결에 대한 합의	이 문제의 해결 요소는 무엇인가?	해결책의 유사한 구성 요소
구성	전반적인 구성에 포함되어야 할 것은 모두 무엇인가?	구성의 유사한 요소
개선 계획	우리 팀의 성과를 향상시키기 위해 할 수 있는 일은 무엇인가?	유사한 행동
성공적인 회의를 위한 태스크포스 실행 계획	회의를 성공적으로 하기 위해 무엇을 해야 하는가?	동일한 그룹에 의해 이루어지는 행동
주제를 다루기 위한 가치	이 주제에 접근할 때 고려해야 하는 것은 모두 무엇인가?	유사한 고려 사항
리서치 주제의 정의	이 주제에 관해 우리가 갖고 있는 질문은 모두 무엇인가?	유사한 근본 질문
건강한 지역사회의 공유된 비전	내년에 건강한 지역사회를 바란다면, 어떤 요인이나 특성을 고려해야 하는가?	유사한 특성

부록3. ICA: 미션과 지역 분포

ICA(Institute of Cultural Affairs)는 사람들에게 지역사회와 조직에 변화를 줄 수 있는 능력을 길러주기 위한 비영리 조직이다. 현재 ICA가 하는 일은 퍼실리테이션, 컨설팅, 교육, 연구, 출판 등이다.

지난 45년 동안 ICA는 성인 및 아동 교육, 전세계 지역사회 재형성 프로젝트, 조직 개발, 그리고 사회 변화에 참여하는 사람들에게 필요한 지적 수단과 사회적 방법을 연구하는 일에 전념해왔다.

2002년 현재, ICA는 세계 6대륙 28개국에서 활동하고 있다. 각국의 ICA 사무소는 자율적으로 운영된다. 국제 ICA는 브뤼셀에 본부를 두고, 국가별 ICA를 위한 정보센터 및 협력센터로 활동한다.

현재 퍼실리테이션 기법 지도자 과정은 몇몇 ICA 사무소의 중점 사업이다. 대화 기법과 워크숍 기법을 특징으로 하는 그룹 퍼실리테이션 강좌는 아래에 위치한 ICA에서 정기적으로 이루어진다. 이 자료를 통해 이 강좌 및 강좌 개설일을 비롯하여, ICA에서 제공하는 다른 강좌들에 대한 정보도 얻을 수 있을 것이다.

한국에서는 ICA Korea가 ICA 사업을 진행하고 있으며, ICA Korea와 협력관계에 있는 ORP연구소 내의 한국 ToP 퍼실리테이션 센터는 퍼실리테이션을 중심으로 교육사업, 컨설팅사업, 참여문화를 만드는 데 기여할 수 있는 봉사활동을 하고 있다.

국제 ICA

Rue Amedee Lynen #8

B-1210 Brussels

Belgium

icai@linkline.be

Tel: (32 2) 219 0087

Fax: (32 2) 219 0406

Web site: www.icawould.org/

E-mail: icai@linkline.be

캐나다

ICA Associates

579 Kingston Rd

Toronto, Ontario, Canada

M4E 1R3

Tel: (1 416) 691-2316

Fax: (1 416) 691-2491

E-mail: ica@icacan.ca

Web site: www.icacan.ca

미국

Web site: www.ica-usa.org

ICA Eastern States: Member Services

248 Second Street

Troy, NY 12180, USA

Tel: (1 518) 273 6797

E-mail: icatroy@igc.apc.org

ICA Heartland/Chicago

4750 N Sheridan Road

Chicago, IL 60640, USA

Tel: (1 773) 769 6363

Fax: (1 773) 769 1144

E-mail: icachicago@igc.apc.org

ICA Western States/Phoenix

4220 North 25th Street

Phoenix, AZ 85016, USA

Tel: (1 602) 955 4811

Fax: (1 602) 954 0563

E-mail: icaphoenix@igc.apc.org

참고문헌

도서

Bergdall, Terry D. Methods for Active Participation: Experiences in Rural Development from Central and East Africa. Oxford University Press, Nairobi, 1993.

Doyle, Michael and David Straus. How to Make Meetings Work: The New Interaction Method. Berkeley Books, New York, 1976.

Jenkins, John. International Facilitator's Companion Imaginal Training. Groningen, Netherlands, 1996.

Kaner, Sam, et al. Facilitator's Guide to Participatory Decision-Making. New Society Publishers, Gabriola Island, British Colombia, 1996.

General Henry Robert. Rules of Order: The Standard Guide to Parliamentary Procedure. Bantam Books, toronto, 1982.

Schein, Edgar H. Process Consultation Volumes I and II: Lessons for Managers and Consultants. Addison-Wesley Publishing Company, Reading, Massachusetts, 1997.

Schwarz, Roger M. The Skilled Facilitator: Practical Wisdom for Developing Effective Groups. Jossey-Bass, San Francisco, 1994

Spencer, Laura. Winning Through Participation: The Technology of Participation. Kendall-Hunt Publishing Company, Dubuque, Iowa, 1989

Stanfield, R. brain. The Art of Focused Conversation. New Society Publishers, Gabriola Island, British Columbia, 1997.

Weaver, Richard and John Farrell. Managers As Facilitators. Berrett-Koehler Publishers, Ins., San Francisco, 1997.

William, R. Bruce. More Than 50Ways to Build Team Consensus. IRI Skylight Training and Publishing, Arlington Heights, Illinois, 1993.

Wright, Susan and David Morley. Leaning Works: Searching for Organizational Futures. Faculty of Environmental Studies, York University, Toronto, 1989.

리스트 서브

Ruete, Edward S. The Proceedings of the International Association of Facilitators: "Group Facilitation" List Serve, 24 March 1997.

정기간행물

Jenkins, Jon. "Disciplines of the Facilitator." Edges. August 2000.pp 2-4.

Stanfield, Brian. "Mapping Organizations." Edges. August 1997. pp 2-5.

Stanfield, Brian. "The Magic of the Facilitator." Edges. September 1994, pp 3-7.

Nelson, Wayne. "Facilitator Style." Edges. April 1997, p 6.

Nelson, Wayne. "Creating Eventfulness." Edges. September 1996, p 5.

프레젠테이션

Holmes, Duncan. "Public Meetings That Build Community." [presentation, unpublished manuscript] The Nova Scotia Planner's Conference, Halifax, 1998.

교육 매뉴얼

ICA Associates Inc. Group Facilitation (revised). Toronto, 2001.

ICA Associates Inc. Facilitated Planing (revised). Toronto, 2001.

ICA Associates Inc. Meetings That Work. Toronto, 2000.

ICA Associates Inc. Participation Paradigm (revised). Toronto, 2001.

ICA Associates Inc .Power of Image Change in Transformation. Toronto, 2001.

비디오

Staples, Bill. Technology of Participation. [training video] ICA Canada, 1993

이영석

ORP연구소의 대표이며, ICA(Institute of Cultural Affairs)의 국제인증퍼실리테이터(CTF: Certified ToP Facilitator)로 활동하고 있다. ICA Korea의 협력단체인 한국ToP퍼실리테이션센터(KTCF)를 설립하여 참여공학(Top: Technology of Participation) 기반의 퍼실리테이션을 통한 조직과 사회변화 활동을 수행하고 있다. 미국 CPC(Corporation for Positive Change)의 컨설팅 파트너, CPC의 Certified Appreciative Inquiry Practitioner, Appreciative Leadership Development Program의 공식 Trainer로서 한국긍정변화센터(KCPC)를 설립하여 AI를 통한 긍정변화 전파에 노력을 기울이고 있다. 한국에이아이협회 부회장, 한국퍼실리테이터협회 부회장으로 활동하고 있으며 성균관대학교에서 산업조직 심리학박사학위를 취득하였고, 성균관대 겸임교수를 하고 있다. LG전선(현 LS전선) HR팀, 한국능률협회(KMA)의 컨설팅 부문장을 역임하였으며 조직개발전문가로 활동하고 있다. 저서로 "조직신뢰", "DC 기반학습"이 있으며 공역으로 "퍼실리테이션 쉽게 하기", "핵심역량과 학습조직", "컨센서스 워크숍 퍼실리테이션", "긍정조직혁명의 파워", "A팀 빌딩", "AI Summit", "A Coaching", "A리더십" 등이 있다.

컨센서스 워크숍 퍼실리테이션

초판 1쇄 발행 2014년 5월 30일

지은이 브라이언 스탠필드
옮긴이 이영석
감 수 박시원
펴낸곳 ORP Press
펴낸이 이영석
출판등록 2003년 4월 3일 제321-3190000251002003000015호

마케팅 영업 김지애
인쇄 동아사(02-815-0876)

주소 서울특별시 서초구 서초대로 124(방배동)선빌딩 3층
전화 02-3473-2206
팩스 02-3473-2209
홈페이지 orp.co.kr, topfacilitation.co.kr
이메일 kcf@orp.co.kr

ISBN 978-89-965141-5-2

값 15,000원

한국ToP퍼실리테이션센터 소개

참여문화의 확산과 긍정조직변화에 관한 접근 및 도구를 통하여 개인의
행복과 조직의 성과를 창출할 수 있도록 지원하는 조직개발 전문기관

- 참여 기반의 퍼실리테이션 스킬과 도구 전파
- 미국 CPC와 컨설팅 파트너: AI 교육과정과 긍정조직 개발의 방법론 연구 전파
- 조직활성화를 위한 인터벤션 개발과 전파

Consulting

- 워크샵 설계 및 미팅 설계/개발
- 회의 문화 혁신
- 퍼실리테이션 지원
- 긍정조직문화 변화 컨설팅
- 퍼실리테이티브 리더십 개발
- 팀 활성화
- 조직 활성화

Training

- 퍼실리테이터 육성과정
- 퍼실리테이티브 리더십 개발 프로그램
- e-Learning 퍼실리테이터
  교육과정 운영
  (삼성SDS와 공동운영:
   성공하는 조직의 비법 탁월한
   퍼실리테이터)

Research

- 퍼실리테이션 프로세스
  및 도구 개발
- e-facilitation 도구개발
  (e-consensus workshop method
  개발 · 운영)
- 도서 출판

Social Responsibilities

- 대학생 퍼실리테이터 육성 과정 무료 운영
- Community Development 리더 육성지원
- Youth Facilitative leadership 교육개발
  (초중고 퍼실리테이터)
- 각종 사회단체 및 계층의 행복을 위한
  변화 프로그램 지원

한국ToP퍼실리테이션센터의 교육과정 체계

한국 ToP 퍼실리테이션센터는 퍼실리테이션 전문교육기관이 ICA Associates와 파트너 관계를 맺고, 퍼실리테이션의 철학 및 참여기반의 퍼실리테이션 스킬과 도구를 전파하기 위한 교육과정들을 운영하고 있습니다.

일반 과정

- ToP 퍼실리테이터 육성과정
- 효과적 미팅 과정
- 퍼실리테이티브 리더십 과정
- 문제해결 퍼실리테이션 과정

팀빌딩 과정

- ToP 팀빌딩 과정
- Hogan 팀빌딩 과정
- 프로젝트 팀빌딩 퍼실리테이션 과정
- 실전 퍼실리테이터를 위한 SPOT 과정
- 롤러코스터 팀빌딩 과정
- 로봇 배틀 팀빌딩 과정

전문 과정

- 학습 퍼실리테이션 과정
- 전략기획 퍼실리테이션 과정
- Human Development Facilitation 과정
- 지역사회개발 퍼실리테이션 과정
- 갈등 조정 퍼실리테이션 과정

위 퍼실리테이션 과정에는 ToP퍼실리테이션 Tool들이 포함되어 있습니다.

ToP(Technology of Paticpation) 이란?

✓ 퍼실리테이션 기법 및 툴(Tool) 들이 통합된 모음집

✓ 1960년대부터 ICA 전문 퍼실리테이터에 의해 세계 곳곳에서 활용되고 있음

✓ 집단이 함께 사고하고 일하는 것을 돕기 위해 개발되어졌으며, 진정한 참여와 몰입을 가능하게함